A

Fateme Abbasi

A criatividade no ensino da arquitetura

ScienciaScripts

Imprint

Any brand names and product names mentioned in this book are subject to trademark, brand or patent protection and are trademarks or registered trademarks of their respective holders. The use of brand names, product names, common names, trade names, product descriptions etc. even without a particular marking in this work is in no way to be construed to mean that such names may be regarded as unrestricted in respect of trademark and brand protection legislation and could thus be used by anyone.

Cover image: www.ingimage.com

This book is a translation from the original published under ISBN 978-3-659-82719-8.

Publisher:
Sciencia Scripts
is a trademark of
Dodo Books Indian Ocean Ltd. and OmniScriptum S.R.L publishing group

120 High Road, East Finchley, London, N2 9ED, United Kingdom
Str. Armeneasca 28/1, office 1, Chisinau MD-2012, Republic of Moldova, Europe

ISBN: 978-620-3-56831-8

Copyright © Fateme Abbasi
Copyright © 2024 Dodo Books Indian Ocean Ltd. and OmniScriptum S.R.L publishing group

criatividade no ensino da arquitetura

Autor: Abbasi Fateme

Índice de conteúdo

Quadro de conteúdos 2
Capítulo 1 3
Capítulo 2 24
Capítulo 3 33
Capítulo 4 37
Conclusão 52
Referências 55

Capítulo 1
Criatividade
Criatividade

A criatividade é um dos temas que tem sido objeto de muitas discussões. Sem esclarecer devidamente o significado de criatividade, o termo tem sido utilizado em vários tópicos e também com diferentes objectivos, na medida em que alguns investigadores não consideram uma definição exacta para criatividade. Frases como "professor criativo", "aluno criativo", "pintor criativo", etc., têm sido muito utilizadas, mas a criatividade não tem o mesmo conceito quando se refere a essas pessoas. Um professor criativo pode ser alguém que está a apresentar melhor uma aula, mas um pintor criativo é uma pessoa que criou um novo estilo de pintura e não alguém que pintou quadros mais artísticos. Também a expressão "aluno criativo" tem significados diferentes e os professores não têm a mesma ideia a esse respeito.

Sempre que ouvimos a palavra criatividade, ela faz-nos lembrar grandes obras e obras-primas de artistas e cientistas famosos, mas devemos lembrar-nos de que a criatividade não exige necessariamente engenho.

Toda a gente pode mostrar criatividade no seu trabalho quotidiano, mas a criatividade de algumas pessoas é maior e menor do que a de outras.

A criatividade existe em toda a gente, mas aquela que pode ser apresentada em todo o mundo é geralmente acompanhada de génio.

A criatividade é um tema interessante e discutível, que suscita muitas questões. Por exemplo: qual é a definição correta de criatividade? Se é herdada ou adquirida? Se é sinónimo de inteligência? Qual é a diferença entre criatividade e mudança? Que recomendações são feitas relativamente à criatividade? Quais são as caraterísticas de uma pessoa criativa? Como é que se pode ensinar a criatividade? Quais são as técnicas para aumentar a criatividade? Quais são as especificações de uma "organização criativa"? Quem são os gestores de organizações criativas? Quais são as especificações dos "centros de formação criativa"? Como é que os gestores escolares podem melhorar a criatividade dos alunos e do pessoal? Qual é o papel do professor para melhorar a criatividade dos alunos? O que significa inovação no sistema de formação? E que medidas devem ser tomadas nesse sentido? Como é que a criatividade pode ser medida?

Este livro está organizado para responder às questões acima referidas em alguns capítulos que serão assinalados separadamente.

Antecedente da criatividade

No passado, a "criatividade" era conhecida como sinónimo de inteligência. Na história da Grécia antiga, génio tinha um significado lendário. De acordo com algumas histórias, os gregos aceitavam a palavra "Satanás" como sinónimo de génio. Os gregos acreditavam que "Satanás" era um espírito guardião que penetrava no corpo e na alma das pessoas e as tornava cheias de capacidades e sensações extraordinárias.

No final de 19th e no início de 20th século foi considerada uma nova fonte de criatividade. A ideia de que o génio ou a capacidade extraordinária de uma pessoa provinha de um espírito exterior foi desvanecida nessa época, mas os efeitos da ideia do mesmo significado de criatividade e génio ainda se mantinham e foi necessário meio século para o estudo científico da criatividade. O líder deste fluxo científico foi Guilford durante os anos 1959-19661967.

Importância da criatividade

Talvez seja surpreendente, mas a vida sem criatividade é difícil e intolerável. Se olharmos do topo da vida atual para o passado, descobriremos que a vida mudou muito em termos de equipamento e possibilidades. Por exemplo, a velocidade de deslocação devido à invenção do avião, as viagens a outros planetas ou as viagens subaquáticas, tudo isto se deve à criatividade da humanidade. Por conseguinte, pode ver-se que a criatividade não é um assunto estranho que necessite de qualquer raciocínio para a sua existência. A criatividade é um talento poderoso que existe no corpo humano desde a infância. De acordo com Rogers (1977), o ser humano é criativo por natureza, mas não está desenvolvido desde o início e precisa de atenção, orientação e formação. A sociedade precisa de crianças motivadas, curiosas e criativas para melhorar; também precisa de adolescentes e jovens para desenhar a forma do futuro e de adolescentes que sejam solidários e produtivos. Esta condição conduzirá à inovação e ao desenvolvimento.

O papel e a importância da criatividade podem ser examinados em termos gerais, individuais e organizacionais. São os seguintes:

A) Papel e importância da criatividade numa perspetiva geral:

1- A criatividade e a inovação são as caraterísticas mais básicas e fundamentais do ser humano.

2- O conjunto da civilização humana é o produto da criatividade e da inovação humanas.

3- O ser humano não pode sobreviver sem motivação e criatividade.

4- A criatividade é um dos principais objectivos da educação.

5- A criatividade e a inovação melhoram continuamente a qualidade de vida e aumentam o bem-estar, para além de diminuírem os problemas quotidianos.

6- A criatividade e a inovação proporcionam crescimento económico e desenvolvimento científico e tecnológico.

7- Todas as organizações, fábricas, produções e serviços resultantes da inovação e da criatividade.

8- As sociedades avançadas são mais criativas.

B) O papel e a importância da criatividade numa perspetiva pessoal:

1- A criatividade e a inovação farão florescer os talentos e impulsionarão a auto-realização.

2- A criatividade e a inovação são eficazes no aparecimento e crescimento de competências.

3- A criatividade e a inovação através da criação de flexibilidade mental e comportamental desempenham um papel importante no desenvolvimento da sociedade.

4- A criatividade e a inovação são factores de sucesso pessoal, profissional e social.
5- A criatividade e a inovação proporcionam o campo para a curiosidade, o esforço e o pensamento.
6- A criatividade e a inovação promoverão a saúde mental da sociedade.

C) **O papel e a importância da criatividade e da inovação do ponto de vista organizacional:**
1- A criatividade e a inovação estão na origem da formação da organização.
2- A criatividade e a inovação desenvolverão produtos e serviços.
3- A criatividade e a inovação aumentam a qualidade e a variedade dos produtos e serviços.
4- A criatividade e a inovação aumentam a qualidade dos produtos e serviços, bem como o sucesso na concorrência.
5- A criatividade e a inovação reduzem os custos, as perdas e o desperdício de recursos.
6- A criatividade e a inovação aumentam a motivação dos colaboradores da organização.

A definição de criatividade

"Criatividade significa moldar os elementos litigantes para novos compostos que estejam de acordo com requisitos específicos ou em forma útil", diz Mednick.

Ghiselin acredita que: "A criatividade é a introdução de novas qualidades de conceitos e significados". Vernon considera que a criatividade é a capacidade de criar ideias, teorias, percepções, novos objectos e reconstruções na ciência e noutros domínios, que são iniciados na perspetiva dos investigadores e têm valor científico e social, bem como em termos de estética e tecnologia.

Apesar disso, a definição de criatividade está fora de discussão. Nalgumas outras definições, a criatividade é considerada equivalente à resolução de problemas, que aparece em várias formas artísticas, científicas e sociais.

De acordo com Weisberg, a criatividade ocorre quando um indivíduo utiliza uma nova solução para um problema que enfrenta.

Tendo em conta as múltiplas definições e interpretações de criatividade, pode dizer-se que é extremamente difícil, se não impossível, dar uma definição exaustiva de criatividade. A criatividade é um termo genérico e não revela necessariamente um determinado acontecimento ou qualidade. De facto, a criatividade é a resultante de factores pessoais, de processo e de produto que interagem num ambiente social.

O principal núcleo ou fator comum a todas as definições de criatividade é "criar algo novo e valioso". Assim, podemos dizer que o objetivo é criar algo novo e único que seja uma forma útil de resolver um problema ou de responder a questões científicas, industriais e sociais.

O que é importante na criação de novos objectos e desenhos e no processo global de criatividade é o pensamento, porque é uma atividade mental. Por este motivo, serão definidos os tipos de pensamento e, de seguida, serão abordadas algumas questões relacionadas.

Pensamento
Uma das caraterísticas únicas do ser humano é o talento para pensar. O pensamento distingue o homem das outras criaturas. O pensamento tem ajudado o ser humano a ser sustentável e a enfrentar os problemas para sobreviver em comparação com outras criaturas e criar algumas grandes civilizações e culturas. Nas sociedades complexas de hoje, se o homem não fizer bom uso deste talento e não conhecer as formas de o reforçar, terá sérios problemas. De acordo com isto, um dos tópicos mais importantes da psicologia, especialmente da psicologia cognitiva, é a aprendizagem e o pensamento, em que questões como a definição de pensamento, as formas de reforço e o desenvolvimento do pensamento são discutidas cientificamente.

No domínio da educação, será dada mais atenção ao tema do pensamento. Uma vez que o objetivo final da educação é permitir que a pessoa pense de forma clara, lógica e construtiva, de modo a poder resolver os problemas da vida e utilizar a experiência para ter sucesso no futuro. Vejamos agora o que é o pensamento e quais são os seus métodos. Pensar, no sentido lato da palavra, significa procurar a compreensão e a consciência. Uma compreensão que se centra no conhecimento existente e na sua avaliação, bem como na produção de novos conhecimentos.

"O pensamento é um comportamento humano muito complexo e a forma mais elevada de atividade mental. O pensamento é um processo em que se tenta identificar os problemas com que se depara e utilizar as suas experiências anteriores para os resolver", afirma Shariatmadari (1988).

Métodos de pensamento
O pensamento é feito de várias formas. Rezaei dividiu os métodos de pensamento da seguinte forma

1) Pensamento casual: Neste tipo de pensamento, os acontecimentos futuros são previstos e as suas causas são analisadas através da análise das raízes e dos resultados dos acontecimentos, em vez de deixar os problemas para o futuro.

2) Pensamento indutivo: É o raciocínio baseado em vários elementos de dados à disposição para chegar a um resultado ou princípio geral.

3) Pensamento analógico: Este método é exatamente o oposto do pensamento indutivo; assim, ao generalizar as principais conclusões para casos específicos, obtêm-se resultados especiais.

4) Pensamento analítico e de julgamento (para resolver um problema): Neste método, as pessoas utilizam a informação real sobre cada situação para definir o problema e, após a análise racional da realidade, descobrem relações significativas entre elas e acabam por decidir sobre a questão.

5) Pensamento criativo: É um tipo de pensamento em que a mente se envolve profundamente com uma questão; visualiza e clarifica a questão e tenta modificá-la para ajustar o resultado do pensamento ou obter novos conceitos.

Shariatmadari (1988), ao explicar os tipos de pensamento, distingue entre o pensamento criativo e o pensamento normal ou a resolução de problemas e diz que durante o pensamento normal a pessoa pode ser capaz de descobrir uma questão especial. Suponhamos que se pede a uma pessoa para resolver um problema de matemática. Note-se que este problema tem várias soluções e que uma delas resolverá o problema mais rapidamente. A pessoa tenta compreender corretamente o problema mencionado, como é habitual, determina a informação e as hipóteses, compreende as suas relações e, através da organização das hipóteses, descobre a solução. Neste processo, utilizou o pensamento. No entanto, o que descobriu era certo desde o início, mas se essa pessoa descobrir uma nova solução (assumindo que essa solução existe) e optar por utilizá-la, neste caso o seu pensamento é criativo.

O que separa o pensamento normal do pensamento criativo é a originalidade e a frescura de uma opinião ou de uma hipótese que uma pessoa inovadora apresenta. No pensamento normal, a pessoa utiliza normalmente as suas experiências anteriores e coloca-as em novos campos e padrões e, reformulando-as e reorganizando-as, utiliza-as para resolver os problemas.

No pensamento criativo, as formas invulgares e fora do comum chamam a atenção da pessoa. A pessoa pode fazer uma nova pergunta ou apresentar uma hipótese bastante invulgar.

Normalmente, as pessoas que levantam novas questões e ideias frescas em vários domínios do conhecimento humano ou que sugerem novas soluções para problemas nesses domínios são designadas por criativas e inovadoras. Um compositor pode inventar uma nova canção. Um autor pode criar um novo estilo de escrita. Um matemático ou um físico podem fazer uma nova descoberta nos seus domínios de estudo.

Qualquer uma das pessoas acima referidas é criativa e inovadora, embora o impacto da sua invenção seja diferente no progresso da civilização humana.

Shoarinezhad (1992) considera que: O pensamento criativo é um talento e uma capacidade de reconhecer relações novas e importantes nas ideias e fenómenos existentes; ou capacidade de obter novas relações, novas formas, novas soluções ou mesmo novas questões.

Etapas do pensamento criativo

Criar e fomentar a inovação e a criatividade tem normalmente alguns passos que não devem ser utilizados como um método científico e formulado, mas como um guia que pode ser útil para todas as pessoas.

Osborne considera que o processo de resolução criativa de problemas inclui três etapas principais e seis subetapas, que são

1) Apuramento dos factos (inclui a definição do problema e a preparação)
2) Descoberta de ideias (inclui a criação de ideias e o seu desenvolvimento)
3) Procura de soluções (inclui avaliação e seleção)

Depois de analisar as biografias de pessoas criativas, Wallas acredita que o pensamento criativo tem quatro etapas:

1) Etapa de preparação: Esta etapa consiste num estudo intencional, baseado em

experiências anteriores, em que a pessoa tenta clarificar a questão e decompô-la nos seus elementos constituintes.

2) Etapa da latência: Nesta fase, várias soluções passam pela cabeça da pessoa e ela não consegue escolher a correta.

3) Etapa de elucidação: Esta etapa consiste no aparecimento súbito de uma solução.

4) Etapa de distinção e revisão: Nesta fase, a solução deve ser revista. (Shoarinezhad, 1991)

Boroumand (1995) divide um processo criativo em cinco etapas:
1) Compreender o problema.
2) Fornecer informações.
3) Reprodução.
4) Insight e iluminação.
5) Manuseamento e aplicação.

Albrecht (1987) oferece passos de criatividade mais práticos e eficazes. Esses cinco passos são os seguintes: A absorção de informações, a inspiração, o exame, o refinamento e a apresentação.

Albrecht acredita que uma pessoa criativa absorve a informação que a rodeia e examina e procura diferentes abordagens para verificar a questão. Quando a mente criativa é acumulada a partir de dados brutos, começa a trabalhar de forma impalpável e, depois de analisar e sintetizar a informação, oferece uma abordagem para a questão.

Numa fase que se designa por inspiração, a pessoa criativa sente que a abordagem aplicável foi alcançada. Após a aquisição da nova abordagem, a pessoa criativa testa-a para ver se é bem sucedida ou não e, em seguida, procede-se ao aperfeiçoamento necessário e o pensamento criativo é apresentado no final.

As organizações criativas estão bem cientes de que, na fase de absorção do processo criativo, a pessoa precisa de muito tempo livre, liberdade e permissão para inspecionar fora dos limites do seu trabalho e, para a fase de inspiração, não é necessário um controlo rigoroso.

Na fase de análise, os quadros superiores ajudam as pessoas criativas, fornecendo-lhes equipamento e instalações que lhes permitem alcançar o resultado desejado de forma mais rápida e confortável. Na fase de aperfeiçoamento e apresentação, através da adoção de respostas rápidas e do encorajamento de projectos inacabados e não planeados, a motivação e o espírito de correr riscos aumentam nas pessoas.

Conceitos relacionados com a criatividade

Inteligência

Sobre a questão da inteligência e da criatividade e das suas relações, foram efectuados muitos estudos e propostas várias teorias. "A criatividade pode ser descrita referindo-se a algumas capacidades mentais que levam à produção de trabalhos criativos. A mais importante delas é o pensamento divergente", diz Seyf (1989). Guilford (1950-1959-19620), ao expressar a sua teoria da construção mental, afirmou A caraterística importante do pensamento criativo é a

sua divergência. Dividiu as formas de pensar das pessoas em duas categorias: o pensamento divergente e o pensamento convergente em geral. O resultado do pensamento convergente é uma conclusão inevitável, mas no pensamento divergente não há uma resposta certa. E há muitas respostas que, logicamente, qualquer uma delas pode ser verdadeira. Guilford identificou o pensamento divergente através de três caraterísticas: Flexibilidade, originalidade e fluência. Uma vez que a inteligência está mais associada a respostas específicas, é consistente com o pensamento convergente na teoria de Guilford. A diferença entre estas duas formas de pensar pode ser resumida na tabela (1)
(Besis e Jaoui, tradução de Sarvari)

Tabela 1: Diferenças entre o pensamento convergente e o pensamento divergente.

Pensamento convergente	Pensamento divergente
-O problema é limitado	-O problema é grande e abrangente
-Dados obrigatórios	-Os dados não são obrigatórios
-Solução imediata para o problema	-Resolver o problema por tentativa e erro
-Solução única	-Diferentes soluções
-Pesquisa limitada	-Pesquisa alargada e ilimitada
-Os critérios de sucesso são decisivos e necessários	-Os critérios de sucesso são vagos e pouco precisos

Movasaghi (2001) afirma: Embora a inteligência e a criatividade pareçam quase semelhantes, mas no que respeita às especificações espirituais são diferentes, porque se chama inteligente a alguém que, utilizando a informação que adquiriu pela experiência, consegue encontrar a melhor forma de resolver os problemas. A "criatividade" é a posse de conhecimentos adquiridos na mente com o objetivo de criar novas formas de mente que já existem na cabeça de alguém e baseia-se na imaginação.

De acordo com Torence (1975) e Goodbrafi (1977), a correlação entre os testes de inteligência e de criatividade é baixa, pelo que não é possível determinar o grau de criatividade a partir dos resultados de QI. Esta situação entre criatividade e desempenho académico também existe porque o desempenho académico está intimamente relacionado com a inteligência. (Seyf, 1989)

Num estudo realizado por Getzels e Jackson (1952) com estudantes do ensino secundário, verificou-se que os estudantes criativos não se encontram necessariamente entre os estudantes mais inteligentes. Assim, conclui-se que a criatividade e a inteligência não estão muito relacionadas. (Hosseini, 1999)

Uma inteligência elevada não causa necessariamente uma criatividade elevada, mas uma inteligência baixa impede a criatividade. A capacidade de uma pessoa criativa dependerá provavelmente da sua inteligência, mas isso não significa que não existam pessoas não inteligentes ou que todas as pessoas inteligentes sejam necessariamente criativas

A correlação positiva entre inteligência e criatividade deve-se ao facto de ambas dependerem da obtenção de informação aceitável. A criatividade não ocorre no vácuo, mas utiliza a informação que foi aprendida anteriormente e isto depende das capacidades mentais da pessoa. Por conseguinte, espera-se que um bebé pequeno se torne uma criança criativa se não houver obstáculos.

Resolução de problemas
Alguns cientistas acreditam que a criatividade é sinónimo de resolução de problemas. Robert Gonieh (1977-1984) considera que a criatividade é um tipo especial de resolução de problemas. Gesif Mayer (1983) e Weisberg (1986-1995) afirmam que a criatividade é a resolução de problemas que não foram aprendidos anteriormente. Apesar da grande semelhança entre a criatividade e a resolução de problemas, elas são diferentes em alguns aspectos. (Hosseini,1999)
A resolução de problemas é a capacidade ou a aptidão de uma pessoa para conquistar novas tarefas. É comum pensar-se que a resolução de problemas é um tipo de criatividade, mas é bom saber que a criatividade é mais vasta do que a resolução de problemas. A criatividade consiste em encontrar uma nova solução, ou seja, está para além da aprendizagem comum. Porque, de acordo com Broner (1966), ao contrário do processo de resolução de problemas, a criatividade não se concentra apenas numa solução. (Pirkhayefi, 2000)
Seyf (1989) afirma que: A resolução de problemas é uma atividade mais física do que a criatividade e tem um objetivo mais específico do que esta, o que significa que a resolução de problemas se baseia em factos, enquanto a criatividade é mais pessoal e se baseia na intuição e na imaginação. Por outras palavras, na resolução de um problema, a pessoa enfrenta uma situação para a qual tem de encontrar uma solução, mas na criatividade ambas as situações de problema e a sua solução têm de ser criadas pela pessoa.
Getzels (1975) afirma a este respeito: É preferível definir a criatividade como a descoberta de problemas e não a sua resolução (Shabani, 2003). Uma caraterística importante da criatividade que a distingue da resolução de problemas são os novos resultados do pensamento criativo.
Invenção
A criatividade e a invenção estão intimamente ligadas. Uma pessoa criativa é aquela que tem novas ideias e procura uma nova solução para resolver os problemas, mas ainda não a encontrou. O criador de novas formas e soluções é o inventor. Assim, o inventor é alguém que cria um produto ou método pela primeira vez.
Criação
Criação significa criar ou fazer algo a partir do nada e do nada e só se aplica ao deus todo-poderoso. Porque ele faz tudo a partir do nada sem qualquer padrão, enquanto a criação do ser humano é precedida de padrões, principalmente da natureza.
De acordo com as definições psicológicas, a inovação e a criatividade não são muito distintas, quando o objetivo da inovação é a criação humana, que está mais próxima da invenção.
Novidade não significa criar uma coisa nova, mas sim mostrar o tempo, por outras palavras, cada coisa nova não é uma criação, mas cada criação tem uma coisa nova. Por exemplo, todos os dias escovamos os dentes de novo, o que não significa uma inovação. De facto, é melhor dizer que a criação é novidade e valor.
Valor + Novidade = Criatividade

Inovação

A inovação consiste em pôr em prática ideias novas e criativas, por outras palavras, consiste em apresentar produtos, processos e novos serviços ao mercado. O inovador é quem investiga a utilidade e a relação custo-eficácia do produto inventado e o comercializa, se possível.

Empreendedorismo

O empreendedorismo é o processo de identificação de oportunidades económicas e de criação de novos negócios e empresas para utilizar as mesmas oportunidades identificadas. (Manteghi, 2000)

O empreendedorismo organizacional é um processo em que surgem produtos e processos através da indução ou de uma cultura de inovação empresarial numa organização pré-estabelecida.

O empresário é aquele que aceita organizar, gerir e assumir os riscos de uma atividade económica.

A relação entre criatividade, inovação e espírito empresarial

Basicamente, a criatividade é conhecida como a essência do espírito empresarial. O empreendedorismo inclui a obtenção de valor através da criação de uma empresa ou organização. A criatividade é eficaz no empreendedorismo de várias formas, com base nas quais existe um conceito de criatividade empresarial. O espírito empresarial é uma forma típica de inovação e consiste na aplicação bem sucedida de ideias criativas para criar uma nova empresa ou uma nova iniciativa no âmbito de uma empresa existente.

Diferença entre criatividade, inovação e empreendedorismo

Embora a criatividade, a inovação e o espírito empresarial estejam intimamente ligados, existem algumas diferenças. As pessoas criativas podem descobrir novos fenómenos ou criar coisas novas, mas não podem ou não estão interessadas em produzir ou prestar serviços a partir das suas descobertas e inovações.

As pessoas inovadoras, para além de descobrirem novos fenómenos, são capazes de transformar as suas invenções/descobertas em novos produtos ou serviços e apresentá-los ao mercado para ganhar dinheiro, ao passo que o empresário é uma pessoa que não só é capaz de transformar as suas invenções e descobertas em produtos ou serviços e depois convertê-los em valor, como também pode transformar as ideias, invenções e descobertas de outras pessoas em valor.

Um inventor trabalha com ideias e conceitos para os converter em amostras reais. Um inovador trabalha com métodos, programas e sistemas e tenta converter as amostras em produtos ou serviços comerciais. O empresário trabalha com oportunidades, riscos e valores e tenta explorar ou criar um mercado potencial para ideias ou produtos. (Ahmad Pourdariani e Azizi, 2004).

Quadro 2: O quadro seguinte indica a diferença entre um pensador, um inovador e um empreendedor

Pensador	Elevada capacidade de criação de ideias.
Inventor	Elevada capacidade de transformar uma ideia numa ideia prática.
Inovador	Elevada capacidade de transformar ideias práticas em bens e serviços.
Empresário	Elevada capacidade para transformar ideias, bens ou serviços próprios ou de terceiros em valor.

Componentes da criatividade

Quando falamos de componentes da criatividade, o nosso objetivo são os elementos que a constituem. A criatividade tem alguns elementos e componentes que a constituem e existe uma relação entre eles.

Amabelli (1983-1993) afirma que a criatividade é composta por 3 elementos: competências relacionadas com a zona ou o tema, competências relacionadas com a criatividade e motivação.

A) Competências relacionadas com o tema: Estas competências consistem no conhecimento e na compreensão da matéria, dos factos, dos princípios, das teorias e das ideias que lhe estão subjacentes. Estas competências são a matéria-prima do talento, da experiência e da formação num determinado domínio. Obviamente, a criatividade só é possível num domínio sobre o qual se tem alguma informação (por exemplo, física nuclear ou química).

B) Competências relacionadas com a criatividade: As competências temáticas podem ser utilizadas de uma nova forma, quebrando o molde através de competências criativas. As competências criativas estão associadas à quebra de hábitos, à compreensão da complexidade, a uma visão diferente dos assuntos, aos valores intelectuais, ao adiamento do juízo e da avaliação, etc.

C) Competências relacionadas com a motivação: Um dos elementos mais importantes da criatividade é a motivação. Não se pode fazer qualquer trabalho criativo sem motivação interna e externa. A investigação empírica sugere que a motivação intrínseca tem um papel mais construtivo na criatividade. Para fomentar a criatividade, temos de ajudar as pessoas a reconhecer os locais onde a sua motivação, interesses e competências se encontram. Este lugar é um ponto forte onde existe a possibilidade de criatividade. O diagrama seguinte mostra esse local.

D)

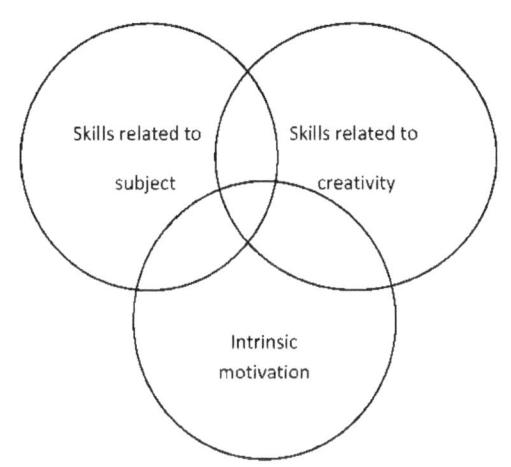

Figura 1: tipo de:competências

A este respeito, Pirkhayefi (2000) divide os componentes da criatividade em três categorias: Cognitivos, motivacionais e de personalidade.

A componente cognitiva da criatividade inclui: Inteligência, fluidez, expansão, flexibilidade, originalidade, composição, análise.

Os elementos motivadores da criatividade são a motivação e a emoção.

Os componentes de personalidade da criatividade incluem: Autoconfiança, vontade independente, assumir riscos, aceitar a experiência, abraçar a incerteza e a luta.

De acordo com os estudos, torna-se claro que cada um dos peritos, de acordo com o seu ponto de vista, considerou elementos específicos para a criatividade.

Numa abordagem comparativa e global, os elementos básicos da criatividade podem ser descritos da seguinte forma:

1) Motivação: A criatividade tem uma relação estreita com a motivação. A motivação pode ser considerada a força motriz da atividade humana e o poder do seu fluxo de criatividade. A motivação para a criatividade é semelhante ao motor e ao volante de um automóvel. Nesta comparação, a mente humana e a sua capacidade de encontrar uma direção são os principais conceitos de criatividade. Olhando para a vida de pessoas muito criativas, é de realçar o facto de que estas têm um grande incentivo para oferecer trabalhos originais. As pessoas criativas, em todas as profissões, têm tendência para criar mais empregos e durante mais tempo do que os seus pares continuam a oferecer trabalho.

2) Talento: Um dos factores importantes para a criatividade é o talento. As pessoas comuns que não têm um talento intelectual adequado não podem apresentar projectos novos e criativos.

ideias. Embora se diga no debate sobre a criatividade que uma inteligência elevada não é tão eficaz, é necessário ter uma inteligência média para a criatividade e a inovação.

3) Esforço e perseverança: Nenhum fenómeno no domínio da criatividade e da inovação pode ser substituído pela perseverança e pela resistência. Perseverança significa assumir qualquer compromisso, trabalho árduo e esforço sustentado com obstáculos e problemas, para prosseguir o objetivo de forma constante e incansável. A maioria das pessoas que trabalham no domínio da procura de ideias são boas iniciadoras, mas não são boas processadoras. O trabalho árduo no domínio da criatividade é tão importante que se diz que apenas dez por cento se deve à inspiração e noventa por cento ao esforço.

4) Conhecimento e informação: O conhecimento é um dos factores fundamentais da criatividade e, de facto, é considerado como matéria-prima para a mesma. Se um pólo da criatividade é considerado como atividade mental, o outro pólo são os dados e a informação de objectos e coisas. "A criatividade é uma habilidade que pode conectar informações esparsas", diz William. Combinar novos factores de informação numa nova forma e experiências passadas com novas informações para encontrar respostas únicas.

5) Experiência: O pensamento criativo não se forma no vácuo e é afetado por situações e condições. Uma dessas condições é a experiência. A experiência inclui um conjunto de recursos e concepções intelectuais que podem ser alcançados através da ligação mútua com o ambiente (natural e social). Assim, as pessoas que têm mais experiência em domínios específicos têm maior potencial para novas ideias.

6) Imaginação e fantasia: A base do pensamento criativo é a imaginação. Todos nós temos a capacidade de criar diferentes imagens (de sucesso, de previsão, de construção e de adivinhação) na nossa mente. Com a visualização criativa, pode criar a impressão de criatividade e sucesso. É possível converter a imagem de sucesso em sucesso efetivo. Na imaginação, onde se pode visualizar livremente sem constrangimentos, a criatividade pode ser alcançada. O pensamento criativo é, de facto, uma grande forma de imaginação livre. Para visualizar a forma básica de criatividade, observe o formulário abaixo:

Quadro 3: Componentes da criatividade

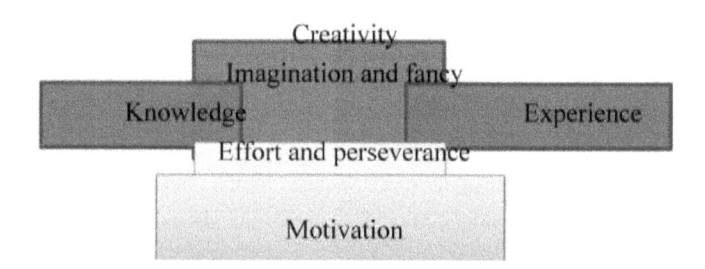

Como se pode ver no diagrama, a criatividade humana está enraizada no seu conhecimento e experiência e será activada com base na imaginação. O principal fundamento da criatividade humana é o esforço para alcançar soluções e resultados novos e inovadores.
O grau de perseverança e de esforço de um homem, por sua vez, será afetado por um contexto importante recolhido das suas motivações. A relação entre os factores discutidos é claramente demonstrada na equação seguinte.
Poder da criatividade = motivação x esforço x imaginação + (conhecimento + experiência)

A criatividade, um talento treinável

Uma das questões que ocupou a mente de muitos investigadores e académicos nas últimas quatro décadas e que deu origem a vastas investigações é a seguinte: é possível fomentar a criatividade? A criatividade é uma caraterística inerente ou é afetada por factores sociais? A este respeito, tal como em muitos outros temas da ciência ética e da psicologia, existem pontos de vista contrastantes.

Verificando as investigações anteriores de Mac Kenin (1968), Mansfido Bas (1981), Katel e Pucher (1968), verifica-se que os seguidores da teoria da originalidade da essência acreditam que a criatividade é uma capacidade e uma propriedade potencial, mas alguns pensadores importantes como (Terman 1925, Cocks 1926, Galten 1869) acreditam que, embora a criatividade, tal como a inteligência, tenha aspectos congénitos, alguns factores ambientais podem afectá-la.

Investigações recentes como (Boodo 1979, Torence 1972, Parenz 1963, Dibeno 1970, Feldhyosen e Klinkenbird 1968) mostram que a criatividade existe em todas as actividades pessoais e de grupo da humanidade e é potencialmente e treinável em todos.

Atualmente, está provado que o talento criativo é popular como a memória no ser humano e que pode ser desenvolvido através da aplicação de certos princípios e técnicas e da criação de uma nova mentalidade e de um ambiente adequado.

Robert Epstein afirma: "Descobri, após vinte anos de pesquisa e investigação sobre esta questão, que todas as pessoas possuem criatividade e que não há exceção. Por conseguinte, o dom da criatividade pode ser descoberto se não for utilizado ou pode ser desenvolvido através de actividades que o alimentem.

De acordo com os últimos estudos e investigações sobre a criatividade e os temas referidos, os pontos seguintes são muito importantes para compreender e desenvolver a criatividade:

- A criatividade é um processo e não um resultado ou produto.
- A criatividade é uma das formas de pensamento e não tem o mesmo significado que a inteligência.
- A capacidade criativa depende da obtenção de conhecimentos aceitáveis nesta matéria.
- A criatividade é um fenómeno extensível.
- A criatividade surge do pensamento divergente.
- A criatividade é acompanhada de auto-confiança e independência de pensamento.
- A criatividade e a curiosidade e o desejo de conhecer e experimentar muitas coisas.

- A criatividade é extensível através da sensibilidade e da compreensão dos problemas.
- A criatividade cresce através da experimentação, da exploração e da experiência.
- A criatividade é uma forma de imaginação controlada.
- A criatividade leva à produção de coisas novas e diferentes, ou seja, à produção de coisas únicas.

Tipos de criatividade

A criatividade pode ter lugar em qualquer idade e em qualquer domínio.
De acordo com o tema e a obtenção, os diferentes tipos de criatividade podem ser divididos da seguinte forma

1) Criatividade científica: A criatividade em qualquer domínio da ciência pode ser designada por criatividade científica. As descobertas e as teorias científicas, como a física, a química, a psicologia, as teorias económicas, etc., podem ser consideradas como criatividade científica. Por conseguinte, de acordo com as disciplinas científicas, existem diferentes tipos de criatividade, como a criatividade química, a criatividade matemática, etc.

2) Criatividade tecnológica: A criatividade nos aspectos práticos e técnicos da ciência ou, por outras palavras, a criatividade na tecnologia pode ser designada por criatividade tecnológica ou de engenharia. A criatividade tecnológica consiste em criar novas concepções e pensamentos nos aspectos práticos da ciência ou em encontrar novas soluções para resolver problemas técnicos e de engenharia, incluindo software e hardware.

3) Criatividade industrial: A criatividade industrial é a inovação nos aspectos tecnológicos de hardware e software de uma organização industrial. Nas organizações industriais, a criatividade na tecnologia de hardware é normalmente designada por "inovação tecnológica" e a criatividade no sistema organizacional e de gestão é designada por "criatividade organizacional". A criatividade e a inovação industriais podem ser classificadas em quatro categorias gerais: Criatividade e inovação fundamentais, criatividade e inovação processadas, criatividade e inovação produtivas, criatividade e inovação no marketing.

4) Criatividade dos artigos: A criatividade dos artigos é a criatividade em qualquer domínio artístico.

5) Criatividade quotidiana: A criatividade que cada pessoa tem no seu quotidiano para resolver problemas e realizar actividades diárias.

6) Criatividade infantil: o objetivo da criatividade infantil são as acções teológicas e práticas criativas que as crianças podem demonstrar de diferentes formas. Por outras palavras, a criatividade infantil pode ser entendida como a criatividade quotidiana das crianças.

Graus ou níveis de criatividade

O produto criativo deve ser classificado de acordo com diferentes níveis de qualidade. Tiller, depois de ter pesquisado e investigado os produtos do pensamento humano e a sua qualidade, identificou cinco níveis de criatividade, de acordo com o seguinte (Mir Ghidari, 2003)

1) Criatividade expressiva: Este tipo de criatividade permite à pessoa exprimir-se e

exprimir-se livremente. As pinturas repentinas das crianças e a sua iniciativa durante as brincadeiras em grupo ou com os seus brinquedos são consideradas como este tipo de criatividade, cuja qualidade do produto não é tão importante, mas esta expressão para mostrar criatividade nos graus superiores é necessária.

2) Criatividade produtiva: Neste nível, a pessoa empregará grandes esforços e objectivos ao mesmo tempo para produzir uma coisa nova ou resolver um problema.

3) Criatividade inventiva: Este tipo de criatividade será identificado com a capacidade da pessoa para analisar a situação e fazer uma nova combinação a partir de elementos conhecidos. Neste tipo de criatividade, não há sinais de novas opiniões sobre infra-estruturas.

4) Criatividade inovadora: Com este tipo de criatividade, serão realizadas alterações significativas e úteis nos princípios teóricos básicos com construção e ação mecânica ou artística.

5) Criatividade intuitiva: a produção neste nível de criatividade é algo completamente novo e diferente do que existia anteriormente. Golestan Hashemi (2002) dividiu os níveis de criatividade com base nos principais índices de quantidade de valor e quantidade de novidade nos seguintes grupos Criatividade primária/criatividade secundária, criatividade comum/excelente criatividade, pequena criatividade/grande criatividade, criatividade inventiva/criatividade inovadora.

A autora considera que os níveis mais elevados de criatividade podem ser divididos em dois grupos principais: a criatividade primária e a criatividade secundária e, por esta razão, descrevemos estes dois tipos de criatividade:

1) Criatividade primária: consiste na elaboração e desenvolvimento de novos princípios e conceitos e na criação de um novo paradigma. As novas teorias e as invenções transformadoras e fundamentais estão neste grupo de criatividade. As criatividades óptima, excelente e inovadora estão entre as primárias.

2) Criatividade secundária: este tipo de criatividade inclui a aplicação nova e diferente de princípios e conceitos humanos anteriores e a complementação e desenvolvimento de criatividades primárias. As realizações científicas dos investigadores que se baseiam em grandes teorias científicas fazem parte da criatividade secundária.

Teorias da criatividade

Até agora, foram apresentados alguns conteúdos sobre a natureza da criatividade e conceitos relacionados e agora é uma boa altura para apresentar alguns pontos de vista sobre a criatividade. Teoria ou ponto de vista é geralmente um ponto de vista ou ciência que se forma sobre um assunto. No domínio da criatividade, existem diferentes teorias e pontos de vista que descrevem diferentes aspectos da criatividade:

Teorias filosóficas da criatividade

1. Teorias do mundo antigo

A) A criação (criatividade) como inspiração divina, uma das mais antigas implicações da criação baseia-se no facto de o próprio criador ter uma inspiração divina. Esta definição é geralmente oferecida por Platão que diz; o artista torna-se o fator superior da força devido à inconsciência ...

B)   A criação como loucura: Uma das culturas que se refere ao tempo antigo traça a criação como uma espécie de loucura e testemunha a loucura como o ponto de vista da espontaneidade e da irracionalidade.

2.   Novas teorias filosóficas:

A)   A criação como engenho intuitivo: Nesta perspetiva, a criação é o tipo de intuição intacta e desenvolvida. A ideia de engenho surgiu no período final do Renascimento e foi utilizada por homens criativos como Davinchi, Vasary, Telesio. Muitos pensadores e cientistas, especialmente Kant, no seu livro (Sabedoria Pura), afirmam que a criação e o engenho são iguais.

Como a pessoa inteligente percebe o desconhecido intuitivamente, não é previsível e a sua forma de compreensão não pode ser demonstrada.

B)   A criação como força vital
C)   A criação como força cósmica

Teoria neurológica

A teoria neurológica é considerada como um dos mais recentes conhecimentos sobre a criatividade. Nesta perspetiva, é examinada a relação entre o cérebro e as ondas cerebrais.

Um dos estudos mais famosos realizados é conhecido como "perspetiva neurocientífica dos estudos de investigação", que se relaciona com as duas metades do cérebro, tendo Roger Spray e Joseph Bugen sido considerados os seus fundadores. Estes estudos provaram que o hemisfério esquerdo é o centro de controlo de algumas tarefas intelectuais como a memória, a linguagem, a lógica, o cálculo, o alinhamento, a classificação, a análise e o pensamento convergente e que a metade direita do hemisfério é o centro de controlo das funções cerebrais como a intuição, a perceção extrassensorial, as atitudes e as emoções, as relações espaciais e visuais, a música e a criatividade. A função criativa em termos de crescimento e interação entre as duas metades do cérebro tem um equilíbrio desejável.

Perspetiva psicométrica

A perspetiva psicométrica é a análise dos elementos da criatividade que, de facto, a estrutura básica da criatividade é apresentada num método mensurável e científico.

Esta perspetiva encara a criatividade do ponto de vista da experimentação e da tentativa de dimensionar a criatividade quantitativa entre as pessoas. Guildford é considerado o fundador desta perspetiva que considera a criatividade científica, o esforço e os comentários. Outros académicos são da perspetiva de Torrance.

Teoria de Guildford: Guildford, estudo sistemático e científico da criação com o processo da "teoria da mente". Padrão ou modelo mental de três secções ou classe de três histórias com o nome da operação, conteúdo e produtos e número de subcategorias ou atividade é composto por 120 factores ou capacidades mentais.

Guildford Nesta teoria, diferencia dois factores, o "pensamento convergente" e o "pensamento divergente", e conhece a chave da criatividade no pensamento divergente. O pensamento divergente é um método mental para todas as soluções possíveis para um problema e está em contraste com o pensamento convergente, em que a pessoa tenta obter uma resposta correta através da combinação de informações de métodos lógicos.

Na teoria de Guildford, o pensamento divergente é composto por vários factores. Os factores ou componentes do pensamento divergente são os seguintes

Fluido (mental) :apresentar um número de ideias num determinado momento

Flexibilidade: apresentar pensamentos invulgares e variados e uma variedade de soluções diferentes para a resolução de um problema

Frescura: a utilização de soluções únicas e inovadoras

Desenvolvimento: produzir pormenores e determinar as implicações e aplicações

Combinação: Juntar as ideias díspares

Análise: decomposição dos elementos das estruturas simbólicas

Organizar: alterar o design, a funcionalidade e as aplicações

Complexidade: a capacidade de lidar com um número de ideias diferentes que se relacionam simultaneamente com as caraterísticas acima referidas, sendo as três primeiras caraterísticas importantes.

Teoria de Torrance

Outro dos cientistas que teorizou sobre a criatividade e fez muitas investigações é Paul Torrance, que alcançou reputação internacional neste domínio por duas razões. Uma é a teoria da criatividade e da qualidade da aprendizagem e a outra é a invenção dos testes de pensamento criativo conhecidos como Minnesota.

Torrence apresentou três definições de criatividade na sua mais recente revisão na revista Psychology of breeding, que inclui uma definição de investigação, uma definição artística e uma definição relacionada com a sobrevivência.

Ao definir a sua investigação, o pensamento criativo ou criador é o processo de detetar os problemas, as questões, as lacunas de informação, os elementos perdidos, as coisas más, adivinhar e fazer suposições sobre estes defeitos e avaliar e testar estas conjecturas e hipóteses, revê-las e voltar a testá-las e, finalmente, transferir os resultados

Torrance define a sua criatividade artística, e a criatividade é a seguinte:

- ❖ A criatividade é como querer saber
- ❖ A criatividade é como uma escavação profunda
- ❖ A criatividade é como voltar a ver
- ❖ Criatividade como ouvir os cheiros
- ❖ A criatividade é como ouvir um gato
- ❖ A criatividade é como o forro
- ❖ A criatividade é como lidar com os erros
- ❖ A criatividade é como entrar em águas profundas

❖   A criatividade é como ter uma bola

Torrance, em definição dependente da sobrevivência da criatividade, aponta para o poder de sair de situações difíceis.

Teoria de Debuno sobre a criatividade

Edward de Bono apresenta a teoria do pensamento lateral e foi o inventor deste termo, acredita que o pensamento lateral é um tipo de pensamento que é semelhante à criatividade e ao humor. De acordo com a sua opinião, este pensamento é o método para olhar para os aspectos e diferentes aspectos das questões que podem levar a novas ideias.

Segundo Debono, a criatividade implica quebrar os padrões estabelecidos para ver as coisas de uma nova forma. De acordo com Debono, a mente é um sistema de planeamento que é organizado para criar planos noutro lugar. Estes planos de informação facilitam a comunicação, incluindo os limites.

Segundo Debuno, a educação com ênfase no desenvolvimento do mapa concetual para reestruturar estes planos e estimular a aquisição de novos mapas.

O objetivo do pensamento lateral é criar uma perspetiva diferente sobre as coisas, alterar as formas mentais de informação de modo a criar novas ideias. Debuno supõe que o pensamento lateral ou o pensamento horizontal se junta a um tipo diferente de pensamento que se chama pensamento vertical.

O pensamento vertical é o pensamento convergente de Guildford que descobre sempre a solução correta. O pensamento vertical é lógico, crítico e orientado para o julgamento, enquanto o pensamento lateral é produtivo e criativo.

Bshartyan cita Dubeno que conhece a diferença entre pensamento vertical e pensamento lateral da seguinte forma:

❖   O pensamento vertical é o selecionador e o pensamento lateral é o fabricante e produtivo.

❖   O pensamento vertical, que toma o caminho mais seguro, o pensamento lateral que descobre o caminho incerto.

❖   O pensamento vertical é um certo fluxo, o pensamento lateral e o movimento são possíveis.

O pensamento lateral e o pensamento vertical não são substituíveis e ambos são necessários. São interdependentes e complementares.

De bono sugeriu diferentes formas de aquisição e desenvolvimento de competências, pensamento lateral, que o procedimento explicou a natureza dessas práticas, para além de formas de melhorar as competências.

Algumas das diretrizes mais importantes são as seguintes:

❖   Uma atitude diferente em relação às questões
❖   Dedução
❖   Dúvidas sobre os pressupostos

❖ Motivação aleatória
❖ Decisão diferida
Teoria ecológica da criatividade
Durante as últimas décadas, os psicólogos definiram mais os aspectos criativos das caraterísticas dos indivíduos criativos e prestaram menos atenção ao papel do ambiente no processo criativo.
Harrington, com base no conhecimento do ambiente na biologia, estabeleceu a sua teoria social da criatividade.
Ou, por outras palavras, a ecologia, a biologia, a teoria social são fundadas pela criatividade. Harrington considera que a criatividade do produto no momento e num determinado local é um sistema num ecossistema. No sistema biológico, os organismos vivos estão ligados ao sistema ecológico.
No ecossistema criativo, todos os membros e todos os aspectos do ambiente estão a interagir uns com os outros. É claro que existe uma diferença entre o sistema ecológico em biologia e o sistema de inovação ecológica e, neste caso, existe apenas uma utilização metafórica dos conceitos. Harrington salienta que, no processo criativo, os efeitos do ambiente e do ecossistema seriam aplicáveis em combinação efectiva com a ação humana. Assim, a criatividade na mente de uma pessoa é separada das variáveis sociais.
Na teoria ecológica da criatividade estipula-se que este quadro tem algumas atitudes empreendedoras do ser humano, incluindo a força pessoal e a habilidade que muitas vezes se formam ao longo dos anos. Nesta perspetiva, a criatividade é um processo que se desenvolve ao longo do tempo e que tem como caraterísticas a iniciação, a adaptabilidade e o realismo.
Abordagens multifacetadas da criatividade
Como já foi referido, ao longo da história do conceito de criatividade, nas teorias filosóficas do mundo antigo, as novas teorias filosóficas misturaram-se com o estudo intuitivo e da criatividade, começando pelo estudo do génio, mas o estudo das pessoas raras nos laboratórios de psicologia promoveu o estudo científico da criatividade.
Mais tarde, devido ao crescimento do campo da psicologia da criatividade, estruturas mais concretas como a perceção, a memória, o raciocínio e o julgamento são consideradas relacionadas com a inteligência geral.
Nos últimos anos, a criatividade noutros domínios, como a gestão, foi considerada no passado, mas, na gestão, são considerados os aspectos práticos de gestão da criatividade, a inovação. Alguns investigadores concentram-se nas abordagens baseadas na personalidade e nas dimensões sociais da personalidade, na motivação, nas variáveis de oportunidade e no seu ambiente cultural.
Ao estudarmos as abordagens criativas sugeridas, verificamos que estas abordagens têm uma perspetiva unilateral e que cada uma delas deriva da sua própria perspetiva por parte do sujeito dos projectos criativos. Nas últimas décadas, alguns investigadores da criatividade, como Mabayel (1983) e Esther Nebrg e Lubart (1991), propuseram uma visão multifacetada

baseada em abordagens.

A Amabile, na sua abordagem multifacetada, entende a criatividade como uma combinação de motivação, capacidade e conhecimento de áreas e competências específicas relacionadas com a criatividade,

Astnrnbrg e Lvbart definem a criatividade como uma combinação que inclui seis fontes identificadas e relacionadas com a capacidade mental, o conhecimento de formas de pensamento, a personalidade e o ambiente.

Modelo interativo do comportamento criativo

A abordagem multifacetada da criatividade foi dita criatividade, até agora as teorias apresentadas numa criatividade eram unilaterais. Por outras palavras, cada teoria, ao enfatizar cada aspeto da criatividade, estava separada de outros aspectos da criatividade. Dizia também que, para uma compreensão exacta e abrangente da criatividade, a abordagem sistemática era o sistema mais adequado.

O padrão interativo do comportamento criativo baseia-se no papel da perspetiva sistémica multilateral da criatividade (personalidade, cognitiva e social), que pode permitir uma melhor compreensão da criatividade e um reconhecimento especial das diferenças de criatividade.

Com base no padrão de interação, o comportamento criativo é influenciado pela relação dinâmica de vários factores, tais como elementos de personalidade, factores cognitivos e sociais. O padrão de interação é constituído por vários componentes. A figura seguinte mostra os componentes.

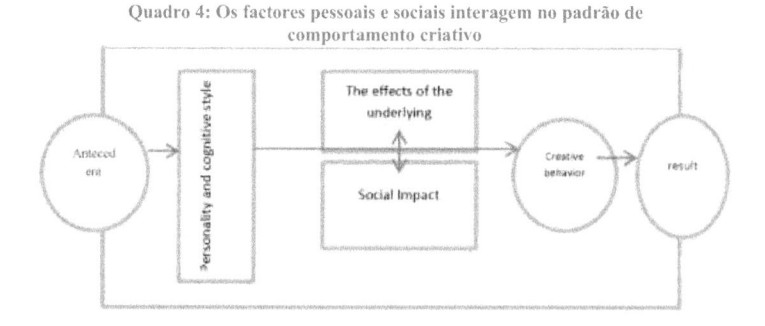

Quadro 4: Os factores pessoais e sociais interagem no padrão de comportamento criativo

De acordo com a figura, os componentes de um modelo interativo incluem

1. antecedentes ou estado anterior: a situação anterior, geralmente referida como as caraterísticas da anterior. Em estudos anteriores, o estado anterior inclui frequentemente aprendizagem anterior e experiências primitivas de caraterísticas sociais e demográficas.

2. Factores cognitivos: as capacidades cognitivas incluem variáveis como o pensamento divergente, os estilos cognitivos e a fonte de controlo.

3. Factores sociais e contextuais: os factores subjacentes incluem aspectos como o ambiente físico, a cultura de grupo ou o clima organizacional, os limites de tempo, as responsabilidades, as expectativas profissionais, as recompensas, etc.

4. As dimensões da personalidade: Estas dimensões incluem a independência, a autoconfiança, os interesses alargados, o conceito de indivíduo positivo, a confiança extrema, etc.

5. Os factores individuais: os factores pessoais da criatividade são: atitudes, valores, objectivos e motivação.

Capítulo 2
Inovação
Inovação

No mundo dinâmico e competitivo de hoje, a organização deve oferecer novos serviços e produtos para determinar o seu sucesso. O sucesso organizacional no mundo moderno depende da inovação. As organizações que não têm um bom desempenho em termos de inovação são restos de sobrevivência.

Novo ou fresco é basicamente algo ou alguém que é diferente de outros objectos ou pessoas. A inovação, de acordo com o texto e o contexto em que é utilizada, pode ter diferentes nomes e significados, tais como inovação educacional, inovação industrial, inovação tecnológica, inovação empresarial, inovação de produtos, etc.

Halt é um dos autores da ciência da gestão que apresentou a inovação num sentido lato como um processo de utilização do conhecimento ou da informação para criar ou introduzir casos novos e úteis. varnning explica também que a inovação é um caso revisível que é concebido e tornado verdade, o que proporciona o sucesso da organização face a uma forte concorrência, e uma vantagem competitiva a longo prazo foi apresentada por ela.

A inovação também pode ser aplicada com base na criatividade. Trata-se da capacidade de produzir novos trabalhos, de aplicar novas práticas e de encontrar soluções para os problemas.

No que respeita às questões levantadas, a inovação global pode ser definida de duas formas.

(A) inovação significa verdadeira criatividade: De acordo com esta definição, criatividade significa produzir um ideal e inovação significa concretizar esse ideal. Neste estatuto, o objetivo da criatividade é a criatividade mental e o objetivo da criatividade é a criatividade objetiva.

(B) criatividade significa produção inovadora: de acordo com esta definição, o objetivo da inovação são os produtos ou o produto criativo que é produzido numa organização.

O processo de inovação

Normalmente, na organização, a inovação é formada por etapas sucessivas. Para que a inovação seja bem-sucedida, os gestores precisam de se certificar sobre este assunto que ocorre na organização, respetivamente. Se uma das etapas não foi cumprida nesse processo, ou um dos pilares não existe, o processo de inovação falhará. As etapas do processo de inovação são as seguintes:

1. A necessidade: a necessidade de mudança e inovação surge quando os gestores da organização estão insatisfeitos com o desempenho atual. Esta questão é a principal causa para os gestores procurarem novas formas e serem informados de novos procedimentos.
2. .comentários ou ideias: os comentários ou ideias são uma nova forma de fazer as coisas. Esta opinião ou ideia pode ser um modelo, plano ou programa que uma organização deve implementar ou pode ser apresentada como um novo dispositivo, um novo produto ou um novo método para monitorizar o estilo de gestão da organização.
3. Aprovação: A aprovação é a fase em que os gestores ou decisores estão a tentar implementar a ideia.
4. Desempenho: a fase de desempenho é o calendário de desempenho para os membros de uma organização aplicarem a ideia, o método ou o novo comportamento.
5. Fontes: A inovação não se forma individualmente. Requer tempo e recursos para fornecer novas ideias para a ação comunitária para cobrir estes

Samad aghayi, no contexto do processo de inovação, afirmou: "Basicamente, o conceito de inovação numa perspetiva de gestão é o processo que começa com a suposição e termina com o lançamento comercial do produto ou serviço. O diagrama abaixo indica as várias fases do processo.

Quadro 5: Processo de inovação

Illustration ⟶ idea ⟶ Creativity ⟶ Innovation ⟶ Publication

Neste processo, os indivíduos permitem que as suas imaginações subam ao céu, depois trazem-nas para o chão e a engenharia (o futuro engenheiro) converte-as em ideias (ideias contidas). Em seguida, convertem as ideias de gestão em ideias científicas, úteis e apropriadas (criatividade), seguidas de ideias em produtos. (Inovação), que termina com a difusão da produção comercial de novos bens e serviços.

Um dos peritos em gestão, com base na abordagem sistémica, desenhou o processo de inovação da seguinte forma.

Caraterísticas do processo de criatividade
O processo de criatividade tem caraterísticas, algumas das quais são as seguintes
1. O processo de inovação é acompanhado de incerteza (incerteza). As fontes de inovação ou a sua oportunidade são imprevisíveis, os resultados da inovação dificilmente podem ser medidos com experiências anteriores, por outras palavras, para fazer previsões de resultados.
2. O processo de inovação baseia-se no conhecimento e na aprendizagem pessoais. O processo de inovação conduz ao reforço de novos conhecimentos, da inteligência e da criatividade com base na aprendizagem individual e mútua.
3. O processo de inovação está em contraste com algumas coisas. A inovação implica frequentemente a supressão de algumas actividades e seria organizada em oposição a elas.
4. O processo de inovação ultrapassa as fronteiras das diferentes partes da organização.
O processo de inovação envolve uma troca de informações em diferentes partes da organização e fora dela, bem como várias unidades envolvidas no processo de inovação. A fonte de muitas ideias vai para além das diferentes. Partes da organização e deriva da troca de informações entre várias disciplinas.

Tipos de inovação
Para a maioria dos investigadores e autores, os inovadores dividem-se em quatro grupos (khodad Hosseini, 1999)
1) inovação administrativa: a inovação é a alteração da estrutura organizacional e dos processos administrativos, como a apresentação de novas ideias para uma nova política de recrutamento de pessoal, recursos, estrutura, funções e competências.
2) inovação: a inovação consiste na substituição de produtos que se encontram em processo de produção, no desenvolvimento de produtos, na manutenção da quota de mercado e na abertura de novos mercados no país ou no estrangeiro
3) processo de inovação. Este tipo de inovação implica a melhoria da flexibilidade da produção, a diminuição dos custos de produção, reduzindo a parte dos custos salariais, reduzindo o consumo, reduzindo os custos de conceção dos produtos, melhorando as condições ambientais e reduzindo as perdas.
4) inovação tecnológica: com base nos tipos de inovação fornecidos acima, existe outro tipo de inovação que, de acordo com a definição fornecida pela OCDE, foi a falta de inovação tecnológica. Este tipo de inovação é a integração da inovação na indústria transformadora, ou seja:
Inovação tecnológica = inovação de processos + inovação de produção
alli (2000) salienta que a inovação no domínio da inovação está dividida de diferentes formas, mas é melhor inspeccioná-la do ponto de vista da inovação na organização e dos recursos financeiros necessários, das competências exigidas, do nível de risco,
o, etc., entrar no mercado. esta abordagem é prática. o, etc., para entrar no mercado:
1) Inovação de base: Esta inovação levou à criação de novos mercados. Apresenta como inovações fundamentais o desenvolvimento de novos materiais (cerâmica, fibras sintéticas,

cristal)

2) inovação baseada no desempenho (produto): quando a inovação é criada num produto, as empresas estão a tentar aumentar a utilização deste novo produto. Qualidades como a resistência, durabilidade e flexibilidade no desenvolvimento da aplicação e desempenho do produto são eficazes.

3) inovação da estrutura tecnológica : A reestruturação da tecnologia baseia-se na importação de materiais de outras áreas da indústria para a produção de cada novo produto é essencialmente diferente de um produto do desenvolvimento da nova fórmula.

4) inovação no nome e na reputação do produto (rótulo do produto): a inovação nos rótulos dos produtos cria um desejo de comprar um determinado produto. Os estudos mostram que cerca de 24% das vendas de produtos são gastos em publicidade.

5) Inovação no design: Muitas empresas ignoram a inovação através da conceção. Uma das principais questões na conceção é a flexibilidade. Isto significa que o produto, de acordo com as condições do mercado e as preferências do consumidor, altera as capacidades de atenuação.

6) Inovação no domínio da formulação renovável: uma formulação renovada semelhante à alteração da estrutura do produto sem alterar os seus componentes. Alteração das caraterísticas físicas de um produto, componente colocado nestas categorias. Inovação na formulação revista, incluindo a recombinação de componentes actuais para fornecer um novo produto.

7) Inovação na prestação de serviços: Os estudos mostram que atrair um cliente é sete vezes mais caro do que mantê-lo. Assim, a inovação nos serviços é uma questão importante na corrida. Inovação na

8) a prestação de serviços requer o desenvolvimento de competências técnicas e de pessoal adequado para introduzir o produto.

9) Inovação na embalagem: A mudança de embalagem provoca a mudança na compra de bens ou na utilização dos mesmos num determinado período de tempo e abre novos mercados para os mesmos.

Recursos e oportunidades de Inovação

As inovações podem provir de várias fontes. No entanto, segundo Drucker, as inovações não resultam de uma centelha de génio instantâneo, mas sim da procura intencional de oportunidades de inovação. As oportunidades de inovação estão dentro da empresa ou da indústria ou estão fora da empresa e no ambiente social e académico.

Dentro da empresa ou do sector, existem quatro áreas de oportunidade:

1. acontecimentos inesperados: a fonte e a oportunidade mais simples e mais fácil de inovar

2. Heterogeneidade: a heterogeneidade ou incoerência na lógica ou na canção de um processo é de outra oportunidade de inovação que fornece campo de inovação.

3. necessidades derivadas do processo: as necessidades do processo (requisitos) ou

necessidades que são criadas no processo fornecem o contexto necessário para efetuar a inovação.

4. Mudanças no sector e no mercado: Quando uma indústria cresce rapidamente, a sua estrutura muda e os líderes tradicionais do mercado e as empresas estabelecidas perdem geralmente a sua quota de mercado, o que aumenta as novas oportunidades que a empresa enfrenta e as oportunidades de inovação para adquirir boas oportunidades.

As oportunidades externas no ambiente científico e social do Instituto são:

• alterações demográficas: alterações nas caraterísticas demográficas a ter em conta no seu planeamento, por exemplo, de acordo com este princípio, na tecnologia de Rabat, os japoneses descobriram que, devido ao crescimento da educação, o número de trabalhadores iria tentar para a indústria.

• Mudança de perceção: segunda fonte de inovação e oportunidade fora da empresa para uma mudança inovadora na perceção, quando os gestores vêem o progresso da organização em vez de verem as deficiências, dá oportunidade para pensar em inovação.

• Novos conhecimentos: A terceira categoria de fontes de inovação fora da organização é o desenvolvimento de novos conhecimentos. Por exemplo, o advento do computador que provocou o desenvolvimento de conhecimentos, proporcionando oportunidades de inovação neste domínio.

Modelos de inovação organizacional

1) modelo de pressão tecnológica: Este modelo, que é o mais antigo, baseia-se na filosofia formada pelo procedimento "orientado para a produção", que significa "quanto produzirmos, venderemos".

2) O modelo de atração do mercado: Após a derrota do modelo de pressão tecnológica, os fabricantes aperceberam-se da importância das necessidades e exigências dos clientes e voltaram-se para o marketing e os estudos de mercado. O modelo de atração do mercado é formado pela filosofia da "orientação para o mercado". Neste modelo, primeiro, conhece-se a necessidade e, depois, concentra-se o marketing, a conceção do produto e o fabrico.

3) O modelo integrado: problemas para o modelo de atração do mercado, resultados da formação integrada. Este modelo, modelo de absorção do mercado, é compatível com a pressão tecnológica com outras caraterísticas e capacidades da organização.

A diferença entre inovação e criatividade

A criatividade e a inovação estão tão enraizadas que é difícil detetar distinções, mas podem ser definidas de forma distinta. A criatividade é a criação e a produção de ideias inovadoras e de um novo pensamento, enquanto a inovação é a implementação da ideia e do pensamento. Conter apresentou a inovação como a aplicação de novas ideias a partir da criação. Ele acredita que a inovação pode ser um novo produto, um novo serviço ou uma nova forma de fazer algo, mas a criação é a capacidade de criar um novo pensamento ou ideia e Novast (Lrbrsht 1987) acredita que a criatividade é uma atividade mental para criar ideias novas e inovadoras, enquanto a inovação é transformar a criatividade em ação ou resultado, nesta perspetiva, a pessoa inovadora pode ser uma pessoa não criativa, o que significa que pode ter novas ideias, mas não tem capacidade para as fornecer ou vender. Assim, o inovador é frequentemente criativo, mas nem todas as pessoas criativas são necessariamente inovadoras. Os autores e investigadores em matéria de organização e gestão, no que diz respeito às escolas de pensamento, à teoria e à visão Du bond, atribuem diferentes prioridades a estes dois conceitos, como por exemplo, os psicólogos consideram que a "criatividade" é mais um conceito individual e que o fator mais importante é a inovação, ao contrário dos sociólogos e dos investigadores industriais que consideram que a "inovação" é mais um conceito de sujeitos sociais e que é geral e que a criatividade é considerada como um dos processos de inovação.

Os autores e investigadores da organização e da gestão, no que diz respeito às escolas de pensamento, têm uma teoria e uma visão e sabem dar prioridade a estes dois conceitos, como é o caso dos psicólogos para a "criatividade", que é um conceito mais individual e que a torna um fator mais importante e a inovação é também contrária aos sociólogos e investigadores industriais para a "inovação", que é um conceito mais social e que dá mais atenção e é geral e a criatividade é considerada um dos processos de inovação.

Conclui que a inovação é mais abrangente e constitui a seguinte equação:

utilização + Invenção + ideia ou conceito = inovação

Independentemente das controvérsias sobre o conceito de criatividade e inovação em autores teóricos profissionais, a maior parte da literatura de gestão entre dois conceitos em duas áreas: primeiro, em termos de significado ou conteúdo e outros aspectos de aparência e nível B. Em termos de significado, mais criatividade e aspectos conceptuais da "inovação" nos aspectos práticos do seu trabalho. Os investigadores conhecem o nível de emergência e a emergência da criatividade e da inovação em todas as organizações e a nível individual e de grupo.

Em última análise, podemos dizer que a criatividade é essencial para a inovação e que a realização da inovação está relacionada com a criatividade. No entanto, na prática, não podemos distinguir

mas pode supor-se que a criatividade é o cenário do crescimento e a emergência da inovação.

A diferença entre Inovação e Mudança

Existe uma diferença entre os conceitos de inovação e de mudança. Por exemplo, a mudança pode ser aplicada para melhorar a satisfação no trabalho, enquanto a inovação é o resultado de mais do que uma pessoa e a sua influência ultrapassa o departamento do seu criador. Num outro estudo sobre mudança técnica, Kanen afirmou que a mudança é a criação de qualquer coisa que seja diferente do passado, mas a inovação é a apresentação de ideias para a nova organização. Assim, todas as inovações podem ser alteradas para refletir uma mudança, enquanto todas as mudanças não são inovação. A mudança é o resultado do processo criativo. Yousefi, numa citação de Mirkamali, diz: "A mudança na forma de fazer as coisas refere-se à forma de práticas e inovações anteriores, novos procedimentos e práticas que não negam as práticas anteriores.

A relação entre criatividade, inovação e mudança
Tendo em conta a teoria acima exposta, pode concluir-se que a criatividade está relacionada com o facto de trazer algo para o palco ou, por outras palavras, implica encontrar coisas novas, embora possa não as utilizar. A inovação é um novo conceito que envolve o desenvolvimento de um produto, serviço ou processo, que pode ser atribuído a uma organização, a uma indústria, a uma nação ou ao novo mundo.
Estas inovações conduzem a novas ideias para mudar e adaptar melhor a organização (khodadad Hosseini,1999)
Weber e os seus assistentes estabelecem a relação entre criatividade, inovação e mudança.
A diferença entre descoberta, invenção e inovação
Descoberta significa encontrar algo que já existe, mas que veio de algo que não é conhecido ou desconhecido, como Cristóvão Colombo que descobriu a América, mas a invenção não é descoberta, porque algo que inventou nunca existiu. A conclusão de uma inovação patenteada, a adição ou a utilização da mesma é uma novidade.
Mohamad Zade (1991) defende que a invenção é a criação de uma nova teoria da invenção, a inovação e o processo de implantação que utiliza uma nova teoria para a criação de um novo produto ou processo. As invenções ocorrem frequentemente no âmbito da inovação.
Inovação e eficiência
Inovação e eficiência são dois conceitos relacionados entre si, pelo que ambos são recursos valiosos no sector da indústria transformadora, relevantes e intimamente ligados à mudança e ao desenvolvimento da tecnologia. Especificamente, o volume de investimento e a utilização da riqueza não conduzem, em última análise, a um aumento da produção e a uma maior riqueza. Mas também a utilização eficiente dos recursos, especialmente a utilização eficaz e eficiente dos recursos humanos com criatividade e inovação, proporcionará uma maior produtividade e mais. A produtividade e a criatividade são interdependentes e, para uma maior eficiência, foram aplicadas a criatividade e a inovação, bem como a investigação e o desenvolvimento.
Estratégia de inovação
Os indivíduos e as organizações podem tornar-se proprietários de novas ideias e de novos produtos ou serviços através de várias formas, tais como: (S. Cavalheiro, 2004)
1. Estratégias ofensivas: os indivíduos e as organizações que utilizam este método são os que se interessam através de inovações revolucionárias (inovações no mercado ou na indústria de forma específica para criar transformação) e oferecem novos produtos antes dos concorrentes que, principalmente, é o resultado do desenvolvimento de um grande e bem equipado para competir no mercado.
2. Estratégias defensivas: o indivíduo ou a organização que pretende inovar com estratégias de defesa deve esperar até que o seu mercado líder introduza os seus produtos e, em seguida, corrija os erros ou defeitos dos mesmos.
3. estratégia dependente com base nesta estratégia, as organizações não são novos

produtos, mas em termos de encomendas de clientes.
4. estratégia imitativa: as pessoas e organizações que seguem esta estratégia imitam totalmente a inovação e as ofertas acessíveis de outras pessoas.
5. A estratégia tradicional: a estratégia óptima dos indivíduos e das organizações que são altamente dependentes da tradição e querem mudar o status quo, mas para reduzir os custos
6. Estratégia baseada em oportunidades: os adeptos da estratégia realista procuram a oportunidade de procurar requisitos de mercado específicos com as suas soluções que podem criar oportunidades.

Formas de implementar estratégias de inovação

Existem várias formas através das quais as organizações podem implementar a sua inovação. De uma forma resumida, podemos referir que algumas delas são:

- A inovação através dos trabalhadores (pessoas) O desempenho da estratégia de inovação requer pessoal e gestores que tenham novas ideias e assumam riscos.
- inovação através dos clientes: estratégias de inovação bem sucedidas, que respondem às necessidades do mercado.
- A inovação através da liderança, a inovação e a realização da organização dependem da liderança.
- Inovação através da organização: a organização constitui a principal área de inovação e o quadro de execução da estratégia. Estruturas não burocráticas, maior inovação.
- Inovação através da cultura: uma cultura eficaz é considerada como um quadro efetivo para a criação e a inovação.

A cultura consiste em sistemas de valores e crenças e ideologias que são da instituição / os sistemas de valores são expressos através de juízos de valor escolha, missão, objetivo e estratégia de impacto. Por exemplo, podem encorajar ou dissuadir as actividades de inovação. Alguns dos valores efectivos incluem "a fé individual ou colectiva no melhor e a fé na necessidade fundamental de inovação.

No papel básico da gestão, a formação de uma cultura de equipa é eficaz, de modo a desenvolver actividades de inovação.

Gestão estratégica da inovação

A inovação depende certamente das pessoas. As pessoas na organização pensam de forma contrária aos costumes populares do povo e são propensas ao risco. A inovação depende também da cultura e da gestão que lhes permite concretizar a sua inovação.

Na gestão estratégica, a inovação precisa de identificar as principais oportunidades para a instituição de transformação inovadora. Por conseguinte, uma escolha estratégica é um meio através do qual as fontes de inovação, a concorrência no mercado e a realidade comercial viável se transformam e acabam por conduzir a uma maior produtividade. Uma estratégia de inovação bem sucedida depende de uma ferramenta que traga inovação, estratégias para indivíduos e organizações.

Processo de gestão estratégica da inovação
A gestão estratégica da inovação requer a utilização de processos, incluindo a análise estratégica, e a implementação de inovações que mostram este processo na página seguinte (Haj Karimi, 1994)

Capítulo 3
Pessoas criativas

A organização em si será criativa e inovadora, mas os indivíduos criativos com caraterísticas específicas formam o corpo da organização. Guildford (1957) sugere que as pessoas criativas são flexíveis.

Kanchrv e Petras (1984) consideram que as pessoas criativas têm tendência para a independência e o inconformismo, pelo que, quando recebem ordens contrárias aos seus desejos, desobedecem.

Rezaeian (2000) cita Gary Steiner, que conhece as caraterísticas das pessoas criativas:

1. Inspeccionam cuidadosamente o estado de várias questões de uma forma que é diferente da de outra pessoa.
2. comunicam uns aos outros os pontos de vista, os pensamentos e as experiências resultantes e avaliam-nos de acordo com os seus pontos fortes e fracos.
3. apresentam várias soluções alternativas para um problema, isso significa que estão a pensar de forma saudável
4. duvidar da autenticidade dos seus pressupostos anteriores, que são válidos e não se limitam à independência intelectual
5. ele pode fazer muito com o seu sentido e discernimento mental
6. pode aplicar processos de pensamento e de ação muito flexíveis.

Saatchi (1992) expressa as caraterísticas das pessoas criativas de outra forma que é apresentada na página seguinte.

Bagheri zade (1995), na conclusão da discussão sobre as caraterísticas dos indivíduos criativos, afirma

Normalmente, uma pessoa criativa tem as seguintes caraterísticas

Mais dotado do que outros, o seu interesse pela ciência, cultura, arte e sociedade é muito elevado e o seu leque de informações é vasto. Sobre questões abstractas, em comparação com questões concretas, pensa melhor e mais profundamente e é social e politicamente sensível.

É flexível e bem-humorado. Gosta de exprimir a sua opinião no debate, mas não insiste na sua opinião, é muito curioso, arriscado e não é egoísta, preocupa-se com o destino dos outros. Procura a independência e tem estabilidade emocional, é responsável por si próprio e pelos outros, e é inovador no pensamento e na ação. "

Em geral, com o estudo das caraterísticas das pessoas criativas na literatura científica, na psicologia, na gestão e noutras ciências afins, esta caraterística pode ser dividida ou classificada da seguinte forma

1. caraterísticas cognitivas das pessoas criativas e inovadoras

As caraterísticas demográficas da criatividade, tendo em conta os traços e as caraterísticas que compõem a criatividade mental e intelectual. Porque, como sabemos, um dos elementos da criatividade é a criatividade mental e cognitiva.

Rezaiyan (2000), relativamente ao conhecimento, à inteligência e às capacidades mentais, sugere que as pessoas criativas passam muitos anos a adquirir conhecimentos e a dominar o seu tema preferido. As pessoas criativas não têm um QI elevado, são muito sensíveis aos problemas e são flexíveis na criação de relações fluidas entre as coisas. Em vez de palavras, as imagens, o pensamento, combinando vários dados, utilizam-nos corretamente. Os sintomas cognitivos mais significativos nas pessoas criativas são: curiosidade, jogo de ideias, previsão, pensamentos invulgares, pensamentos felizes e perceção sensorial.

2. Os traços de personalidade das pessoas criativas e inovadoras

A compreensão das caraterísticas cognitivas das pessoas criativas não permitiria reconhecer a criatividade dessas pessoas. Por isso, é necessário considerar as caraterísticas ou sintomas da personalidade criativa. Traços de personalidade como a motivação, a emoção, as emoções, as atitudes, os interesses e os hábitos sociais devem ser considerados. Vários estudos efectuados por Barron e Harrington (1981) sobre indivíduos criativos e a sua criatividade permitiram obter o conjunto básico de atributos. Os investigadores consideram que as pessoas criativas têm as seguintes caraterísticas

As pessoas criativas valorizam a beleza, os interesses alargados, são atraídas pela complexidade e pela energia elevada e actuam independentemente dos outros juízos. Têm capacidades intuitivas, elevada confiança, capacidade de integrar caraterísticas contraditórias na sua personalidade e têm uma compreensão clara da criatividade (.M, 1995)

Shoari Nejad (1991) afirma: "Os elementos básicos da personalidade da criatividade envolvem caraterísticas físicas como o otimismo, a imaginação criativa, a capacidade de exprimir emoções, a ênfase em factores estéticos, o interesse e os interesses múltiplos, a procura de tensões e conflitos, o medo, a falta de capacidade de lidar com as contradições e as diferenças. "

Noutro estudo apresentado, os indivíduos criativos, particularmente susceptíveis de serem independentes, não conformistas, invulgares e até mesmo rebeldes, são provavelmente adeptos de interesses amplos, de novas experiências, conhecem uma flexibilidade comportamental e cognitiva proeminente e a coragem é mais arriscada (sugar now, 1998)

Por fim, podemos dizer que as caraterísticas de personalidade mais proeminentes da criatividade são as seguintes: a sua honestidade e auto-organização, o humor e a franqueza, o empenho e a disciplina, o altruísmo e a simplicidade de maneiras, a tolerância e o poder de combate, os interesses amplos, o desejo de mudar, a persistência e a atração (Pirkhaefi, 2000)

Afrooz (1997) caracteriza as pessoas criativas nas dimensões cognitiva, emocional e motivacional, descrevendo-as da seguinte forma

- Curiosidade
- Inteligente
- Pensamento de longo prazo

-Liberal

- originalidade

- clareza e segurança
- seguidor ou não coerente
- gosto pelo raciocínio lógico
- insistência em temas de interesse
- gozo da imaginação extraordinária
- sensibilidade à inovação
- estabilidade na atividade mental
- sentido de humor
- Ser empreendedor
- Auto-disciplina

auto-confiança

- originalidade
- julgamento independente
- fluência verbal
- Sendo locais populares
- a necessidade de autonomia
- Utilização de temas e ideias
- Canal centrífugo especificado para mental
- perguntas sobre as normas e ideias
- preferem actividades imaginativas a acontecimentos reais

De acordo com keras, os traços de personalidade que podem tirar o máximo partido da sua produção criativa, incluindo as seguintes caraterísticas:

-independência

- Flexibilidade

-Perseverança

- Curiosidade

-Criatividade

- expressão
- tolerância à ambiguidade
- visão
- Sentimento de segurança
- coragem pessoal
- motivação
- comportamento anormal
- Desfrutar da prova
- Sensibilidade
- tolerante ao desalinhamento
- humor e inteligência
- controlo da respiração
- vontade de correr riscos
- vontade de experimentar

auto-confiança

- tendência para tarefas complexas

No final, é necessário ter em conta duas coisas: a primeira é que as pessoas criativas não têm todas as caraterísticas necessárias a uma pessoa, e mesmo algumas podem não ter algumas das caraterísticas das pessoas criativas. A outra é que, uma vez que as dimensões do comportamento humano (cognitiva, emocional, social, etc.) estão em relação umas com as outras, na prática não é possível definir facilmente uma fronteira que possa ser considerada, e isto também é verdade para o comportamento criativo que ele faz.

Capítulo 4
A comparação de diferentes métodos académicos

Adoção Comparação de diferentes métodos académicos na criatividade dos estudantes em matéria de perceção e afirmação da arquitetura (caso exemplar dos estudantes da Universidade Islâmica Azad de Teerão, ramo oeste)

Resumo

Os estudantes são futuros salvadores que devem ser conduzidos de uma forma excelente, estabelecendo esses modelos durante o seu tempo de formação e depois para o seu futuro. O reforço da criatividade e da motivação dos alunos e dos professores é fundamental para melhorar a qualidade do ensino da engenharia.

Por conseguinte, neste ensaio, começamos por definir o conceito de criatividade e, em seguida, serão discutidos os diferentes factores que contribuem para a criatividade mental dos alunos na disciplina de perceção e afirmação da arquitetura. Depois, será introduzida a disciplina de perceção e afirmação da arquitetura e, em seguida, especificando e separando os diferentes centros educativos e comparando-os de duas formas distintas, demonstraremos o feedback adequado da criatividade nesta aula.

O objetivo desta investigação é medir a quantidade de criatividade e estudar a comparação dos seus resultados em duas formas divididas de ensino. Para o efeito, foi realizado um teste de medição da criatividade a oitenta estudantes do primeiro período da Universidade Islâmica Azad, ramo oeste de Teerão. Em seguida, os resultados foram analisados através da aplicação dos programas "Excel" e "Spss".

A instrução estatística utilizada para a população foi "ANOVA" e, de acordo com o teste F, será considerada.

Os resultados mostram que existe uma relação significativa entre os métodos de ensino do mestrado em engenharia e a quantidade de criatividade dos estudantes e que a quantidade de criatividade dos estudantes é mais considerável no método centrado no estudante.

Introdução:

Os estudantes são produtos acabados, futuros mantenedores e líderes na fila de espera que devem ser guiados por mentores no tempo de educação e depois na excelência. Porque a falta de motivação dos alunos provoca o insucesso escolar e reduz a aprendizagem.

Para isso, neste ensaio, propomo-nos estudar os agentes de múltiplos factores na criação da criatividade mental dos alunos na disciplina de compreensão e expressão da arquitetura.

O objetivo desta investigação é medir a quantidade de criatividade, analisando a comparação dos resultados resultantes da mesma em dois métodos de ensino diferentes.

Em primeiro lugar, introduzimos o tema da compreensão e expressão da arquitetura e, em seguida, especificando e separando diferentes métodos de ensino e comparando-os, revelaremos dois métodos diferentes de feedback adequado da criatividade neste tema

O plano de aulas será investigado através da comparação dos resultados do método de ensino

centrado nos alunos do primeiro período da Universidade Islâmica Azad Teerão, ramo oeste.
Título da literatura:
Um dos tópicos importantes na educação e formação é criar motivação nos estudantes e estimular o pensamento criativo. O trabalho criativo é uma ação que tem a condição de ser recente e de proporcionar uma ideia nova e diferente.

A maior parte dos psicólogos concorda que a criatividade aponta para realizações novas, valiosas e eficazes. A habilidade, a perícia e a motivação são os principais elementos da criatividade. O talento com a perícia pode inventar um resultado criativo. Uma pessoa criativa com motivação interna, desejo de ser bem sucedida e empenhada no seu trabalho pode facilmente avançar através do desenvolvimento do tema.

O desenvolvimento da inovação no estilo de ensino para os alunos é uma das formas mais importantes e eficazes de educação, que pode ajudar os alunos a encontrar soluções ideais para os problemas. A motivação dos estudantes depende das suas capacidades, do ambiente, dos incentivadores e dos professores. (Mehdizad, 91)

Mansourian, no que respeita à criatividade, afirma que os níveis de inovação dos quintetos são os seguintes

O conhecimento unipessoal cria uma solução evidente.

2-conhecimento dentro da parceria fornece uma solução ligeira e boa.

3-Os conhecimentos gémeos têm uma solução geral e boa.

4-O conhecimento acima da experiência pode criar novas ideias e definições.

5-toda a informação pode contribuir para a descoberta científica (Mansourian, 2006).

Revisão do método de ensino centrado no aluno:
Neste estilo, são realizados vários exercícios durante as sessões do período letivo e os seus resultados são avaliados de acordo com 5 eixos principais disponíveis no plano de aulas.

Nesta abordagem, o professor deve:

1- Salientar o papel importante da biblioteca e a sua importância para responder às perguntas.

2- Preparar uma lista de várias referências disponíveis na cidade ou no Estado onde lecciona.

3-Utilizar diferentes referências na sala de aula e, ao apresentá-las aos alunos, mostrar-se como um investigador que está continuamente à procura de novas referências e discutir com eles a forma correta de utilizar as referências.

4-Durante o ensino, no âmbito da discussão sobre as aulas, deve falar-se sobre a forma de as relacionar com o ambiente, a cultura e a economia e também discutir sobre elas.

A avaliação deste método também é diferente e os professores devem formar um trabalho de caso para cada aluno e arquivar os seus registos de actividades e avaliar o seu trabalho de acordo com uma lista de verificação.

Entre os principais elementos desta abordagem estão os projectos de investigação. O objetivo da apresentação da conceção desta parte é apoiar o pensamento criativo crítico. Estas investigações dão aos alunos a oportunidade de estabelecer uma relação plena de significado entre o que estudam e o mundo real que os rodeia.

Estas investigações reforçam as suas competências e atitudes e desenvolvem os seus confrontos para além da sala de aula. E também envolvem o aluno nos seus trabalhos em casa, escrevendo e falando, em questões sociais relacionadas com a ciência, em decisões de referência em que os fundamentos científicos desempenham um papel importante.

Ferramentas e fichas de trabalho como livros, imprensa, mapas, globos, fotografias, gráficos, puzzles, quadros, diagramas, fotografias, imagens electrónicas, vídeos, modelos, maquetas, rádio, televisão, computadores e .... fazem com que o aluno seja ativo na sala de aula e que o processo de aprendizagem se desenrole de forma mais eficiente, além de entusiasmarem o aluno e de prepararem o terreno para a parceria do aluno.

A abordagem deste programa é a compilação de recursos baseados e orientados para a atividade. De facto, a aprendizagem é o eixo e torna-se mais evidente através da compilação destas duas abordagens e persuade o estudante a preocupar-se mais com actividades mentais e científicas, melhorando também as suas capacidades de pesquisa, observação, formulação de hipóteses, resolução de problemas, brain storm, criação e... e, finalmente, o estudante aprende a aprender no processo de ensino.

Para recuperar e reforçar a qualidade do ensino, prestamos atenção aos factores de criatividade dos alunos neste ensaio.

Revisão dos métodos centrados no ensino

Um dos requisitos da formação é a aprendizagem profunda e constante, que é eficaz para criar interesse e motivação para aprender a lição.

A maioria dos estudantes encara um curso como um mero dispêndio de tempo e não mostra grande interesse por ele, porque tem problemas em aprender as lições.

O estilo de ensino desempenha um papel importante na satisfação das necessidades relacionadas com a aprendizagem e na criação de motivação. No método tradicional de ensino nas universidades, que se designa por estilo centrado no professor, todos os blogues são enunciados apenas por um orador e pelo professor, pelo que o aluno tem de receber todos os blogues e memorizá-los.

As investigações mostram que, nos métodos de ensino tradicionais, os alunos memorizam a informação durante um período máximo de 8 meses e, depois disso, esta é esquecida e precisa de ser repetida e repetida. Além disso, dar uma aula como uma conferência pelo professor não é equivalente à aprendizagem do aluno, porque, de facto, aprender é adquirir um tipo de competência e ciência e utilizá-la em ação, pelo que deve durar também depois de deixar a universidade e na ausência do professor. Os estudos mostram que, no método centrado no ensino, o efeito da aula sobre a formação da mente, a motivação e a mudança de atitude é menor do que noutros métodos de ensino. (Panje pour, 201190)

A educação neste estilo baseia-se no treino direto, na imitação e na transferência centralizada. E o papel da criatividade é esbatido (Angula.1998).

Criatividade

É uma palavra importante na educação criativa e na explicação do processo de conceção. O reconhecimento e a definição de criatividade podem contribuir para uma melhor perceção da mesma e para o acesso a um processo mais bem sucedido no processo de conceção de arquitetura. Criatividade vem do verbo criar, que significa fazer.

O Professor Ali akbar dehkhoda afirma na definição de criatividade: "criativo é o principal adjetivo de Deus e a criatividade é um poder que pode causar a produção de rostos requintados" (dwhkhoda.201147.p:677). Omar faruque apresenta a criatividade como uma resposta especial, melhor e mais adequada para resolver a questão. (faruque,1984)

No entanto, a cultura descritiva da psicologia escreve na definição da criatividade:

A criatividade refere-se à capacidade de encontrar soluções fora do comum e de alta qualidade para as questões. (isenk,2000)

De acordo com esta definição, criativo é uma pessoa que encontra dados fornecidos e informações diretas de uma nova forma, por outras palavras, a criatividade é a capacidade de encontrar soluções não óbvias e novas que podem exigir necessidades melhores do que as soluções tradicionais (Edwards, 1998).

Gilford (1934) acredita que enquanto o ser humano não se deparar com um problema e passar a vida a descartar questões e a viver de hábitos, não existe criatividade. Mas quando se depara com um problema, e quer resolvê-lo, o processo mental e as acções utilizadas para resolver o problema chamam-se criatividade.

Por mais inteligente que a pessoa seja, torna-se mais curiosa. A criatividade baseia-se na curiosidade. Na verdade, curiosidade divergente, não convergente.

Nos dias de hoje e nos anos subsequentes, tem-se dado uma atenção considerável a este tópico, mas parece que os pensadores ainda têm muitas discussões sobre a criatividade e a sua definição. Cada um deles definiu-a de uma forma diferente. Por exemplo, Warn (1934) diz sobre a definição de criatividade: a criatividade é uma parte do ser humano que era desconhecida no passado.

Stein (1962) define a criatividade da seguinte forma: A criatividade leva à criação de um novo trabalho que será considerado como algo defensável, útil, satisfatório e aceitável por um grupo considerável de pessoas.

Eysenck (1979) afirma: a criatividade é a capacidade de ver novas relações, de ter ideias invulgares e de se distanciar dos padrões de pensamento tradicionais (behrouzi, 201175).

Torrance (1959) (citado por kefayat, 1994) define criatividade: a criatividade é um processo que inclui sensibilidade a questões, carências, bloqueios, inconsistências, estas sensibilidades ocorrem através da descoberta de um problema ou problemas e, em seguida, procura de soluções para resolver os problemas mencionados e começa a planear hipóteses para este fim. Depois disso, as hipóteses e soluções discutidas serão testadas e podem ser retocadas, se necessário, e serão efectuadas as alterações necessárias, pelo que os resultados finais deste exame serão publicados (kefayat, 1994).

Marksperry(1992) (citado por behrouzi,201175) diz: o resultado da produção da criatividade é determinante e não é apenas quando a pessoa criativa apresenta algo que não existia no passado, mas a reinvenção é também considerada como um tipo de criatividade. De acordo com o voto do pensador, as definições válidas de criatividade podem ser classificadas em quatro grupos: talvez a criatividade do ponto de vista criativo signifique que, de acordo com a fisiologia da pessoa, os hábitos ou os seus valores serão notados. Além disso, a criatividade pode ser determinada por processos mentais como a estimulação, a perceção, a aprendizagem, o pensamento e a comunicação, que se manifestam na ação do criador. A terceira definição de criatividade é determinada pelos efeitos culturais e ambientais. Finalmente, a criatividade pode ser reconhecida em termos dos seus resultados, como teorias, invenções, pinturas e... (behrouzi, 201175).

O conceito de criatividade está muito para além do pensamento criativo. O pensamento criativo pode ser considerado como uma parte da criatividade. Torrance diz que a criatividade é formada por três partes: o pensamento criativo, as competências relacionadas com o tema e a motivação interna. Em caso de colisão destes três elementos, o ato de criação é realizado pela pessoa criativa (ghasem zadeh, 201175). Por conseguinte, esta criatividade depende de três factores: 1-competências relacionadas com o tema ,2-competências relacionadas com a criação , 3-motivação interna(hosseini, 201187).

Factores eficazes para a criatividade
Competências relacionadas com o tema:
Significa que a pessoa se concentra num determinado tópico porque, ao ter uma perceção profunda do tópico, será capaz de pensar em soluções novas e inovadoras para resolver o problema nessa escala. o que é importante neste caso é a obtenção de dados e a ciência necessária nesse caso. estas capacidades que concluem o reconhecimento do tópico da capacidade técnica necessária para fazer o trabalho e o talento nesse contexto dependem das capacidades de reconhecimento, das capacidades motoras, da perceção, do inato e da aprendizagem da pessoa.(hosseini 201187 e ghasem zadeh 201181)

Competências relacionadas com a criatividade (pensamento criativo):
Como diz Torrance, o que pretendemos desenvolver com o pensamento criativo, numa linguagem simples, é repetir a experiência "oh" em toda a gente, especialmente nos criadores. Por outras palavras, a criatividade significa "oh, consegui" (ghasem zadeh201175). (hoseeini 201187)

Motivação
A motivação interna acontece quando a tendência de fazer algo é exatamente por causa dessa coisa. Então, o trabalho será agradável e interessante. O que é mais necessário para a criatividade e a motivação interna. Quando a pessoa tem a motivação interna, procurara situações de que goste e que lhe agradem e que exijam o uso da criatividade.(ghasem zadeh201175)

Há uma dúvida se é possível desenvolver a criatividade ou não. Os psicólogos acreditam,

desde há muito tempo, que é possível treinar e desenvolver qualquer talento através do exercício. Rogers diz que é necessária uma situação para treinar a criatividade:
1-Segurança psicológica:
Esta etapa pode ser dividida em três processos interligados:
A-aceitar a pessoa como um valor incondicional .quando tratamos a pessoa de uma forma que lhe mostramos que ela vale os seus direitos e se mostra, apesar da sua situação ou comportamento no momento, estamos a desenvolver a criatividade
B-preparar um ambiente
preparar uma atmosfera em que não haja avaliação do exterior. Quando os nossos julgamentos sobre nós próprios não se baseiam em padrões externos, estamos a desenvolver a criatividade. Quando uma pessoa consegue ver-se numa situação em que não vai ser avaliada e não vai ser medida por padrões externos, essa situação é indefinidamente provedora de criatividade.
C- compreensão empática:
A compreensão empática, além dos dois casos mencionados, proporciona segurança mental e é uma base para desenvolver a criatividade
2-Liberdade psicológica:
Quando permitimos a uma pessoa um espetáculo simbólico completo, a criatividade desenvolve-se.
A liberdade psicológica permite a uma pessoa pensar sobre o mais profundo de si própria, senti-lo e tornar-se exatamente isso (talentos e competências da criatividade e formas de os educar -Torrance .tradução : hasan ghasem zadeh .201175)
Alguns outros métodos para educar a criatividade são: detecções mentais, fazer puzzles, entretenimento, belas artes, escrever como uma prática para a criatividade, praticar a resolução de problemas de forma inovadora e ler.
Como afirmou o filósofo e escritor inglês bacon do século XVIth , a leitura completa o ser humano e alimenta o poder da imaginação, pelo que, para tirar o máximo partido da leitura, devemos escolher temas de leitura adequados (hoseini,1997)
Padrões de desenvolvimento da criatividade
1 Procura de dissemelhanças: por exemplo, depois de ter uma ideia provável, devemos procurar alternativas que sejam lógicas, mas que sejam diferentes da primeira ideia ou opostas.
2-previsão (pensamento positivo): na maior parte das vezes, não fazemos ideia de certas teorias ou não queremos aceitar que elas podem conduzir os nossos comportamentos e hábitos de forma inconsciente. Uma das formas de resolver estes problemas é treinar a persuasão das pessoas para prever, que é um tipo de exame mental
3-Pedir a revisão de outros: outra forma de reconhecer teorias incorrectas é pedir a outros que revejam as nossas ideias. Muitas pessoas evitam este tipo de coisas, um grupo aceita-as e outro trata-as de forma defensiva.
4-Analisar as questões em pormenor: o objetivo é decompor a nossa ideia em partes formadas

e, assim, libertarmo-nos da pressão da teoria limitadora
5-Analisar as questões em pormenor: o objetivo é dividir a nossa ideia em partes componentes e, assim, pôr de lado as teorias limitadoras. Esta estratégia consiste em prestar atenção às acções que, na maior parte das vezes, não estão associadas aos objectos. Por exemplo, sobre as diferentes utilizações de uma pazinha de tijolo, podemos mencionar caraterísticas como a cor, o peso, a forma ou afirmar que tem alguns poros e ....
6-utilização de alegorias :também esta opção facilita o pensamento criativo. Desempenha um papel importante na evolução da ciência e da tecnologia. Como a invenção da impressão digital por Gotemburgo, que se baseou na simulação.
7-utilizar a posição de grupo para aumentar a produção de ideias criativas: uma das propriedades mais importantes destas reuniões é o facto de os temas terem de ser adoptados com sugestões com uma abordagem completamente amigável e aberta. Nestas reuniões, são encorajadas as ideias mais profundas.
8-Interrupção do trabalho sobre a questão por um período e depois voltar a ele: esta é a ação que faz com que as pessoas às vezes sintam que depois de um período de trabalho sobre a questão e sem sucesso, a sua mente pára. Esta questão não é apenas cansaço mental.
a pessoa põe o trabalho de lado, porque regularmente essas velhas respostas vêm à sua mente. Por isso, precisa de quebrar a cabeça. neste intervalo pode dormir, ler um romance, viajar ou fazer qualquer outra coisa.
9-Esforço de comunicação: para desenvolver ideias criativas, devemos ligar as ideias. Isso pode acontecer de forma escrita, porque os escritos permanecem após a passagem do tempo e podem ser desejados com uma avaliação mais forte.
Por outro lado, o facto de tornar as ideias disponíveis para os outros e de as tornar acessíveis ao público dá-nos a oportunidade de as rever e de as estimar novamente. A estimativa ajuda-nos a definir as nossas ideias de forma mais clara e mais específica.
Sobre a criatividade, é fornecido um padrão para a educação na sala de aula. Este padrão inclui três aspectos: matérias, métodos de ensino, competências de pensamento divergente e de produção. Este padrão preenche o vazio entre a aprendizagem cognitiva e a aprendizagem emocional (fonte anterior).

Quadro 6: padrões de desenvolvimento da criatividade (recurso :Autor)

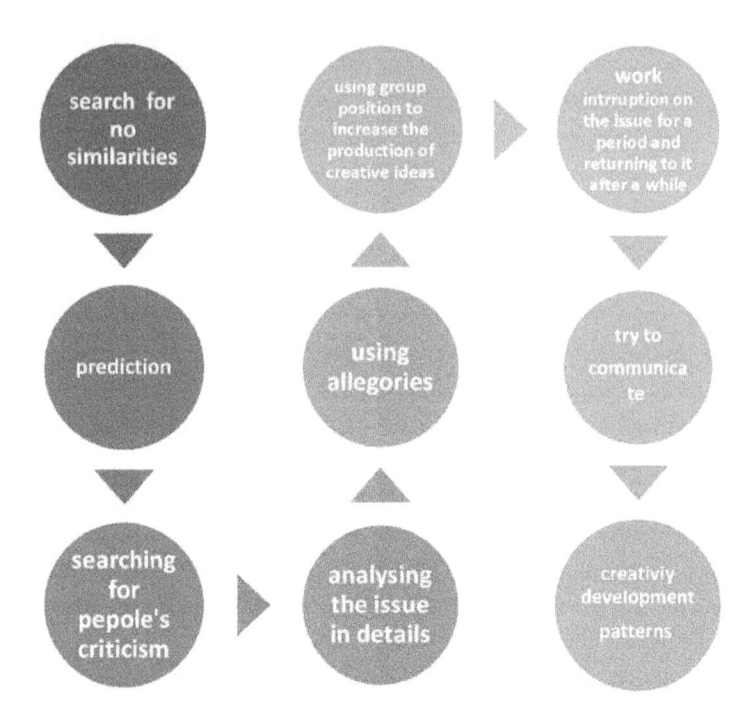

Os casos abaixo podem ser mencionados como um dos estilos fornecidos na variação dos temas das aulas:
Utilização de conflitos, utilização de alegorias, atenção às carências existentes na ciência, reforço do pensamento sobre as facilidades e possibilidades, utilização de perguntas motivadoras através do método da lista de personagens, reforço do pensamento iniciado, conceção do pesquisador, atenção à importância da interpretação e....
Saunders sublinha no ensino da criatividade através do livro de metáforas: para treinar a criatividade, os alunos devem ser capazes de pensar de forma divergente e evitar que façam actividades estereotipadas e moldantes. Estes investigadores, tal como muitos outros, mencionam a diferença entre a função da parte direita e esquerda do cérebro e acreditam que o hemisfério esquerdo é normalmente responsável pelo pensamento convergente.
Estas pessoas acreditam que o sistema educativo de todos os países só se preocupa em treinar a parte esquerda do cérebro. Uma das formas de treinar a criatividade é aumentar a autoconfiança. À medida que a autoconfiança aumenta, a criatividade aumenta (kazemi, 201184).

criatividade fundos de eflorescência
Vários factores são eficazes no crescimento da criatividade. Sem dúvida, a família desempenha o papel mais importante no controlo e na orientação da imaginação e da criatividade.
O crescimento da criatividade, em segundo plano, acontece através da oferta de oportunidades necessárias para fazer perguntas, da curiosidade e da descoberta do ambiente.
A ameaça e o castigo mental são os factores que mais afectam a criatividade mental. As pessoas criativas precisam de relaxamento mental e de uma forte autoconfiança. A par da família, o segundo fator importante é a universidade, que desempenha um papel importante na eflorescência da criatividade dos estudantes. Factores como tarefas elevadas, memorização, expetativa de todos os estudantes da mesma forma e não prestar atenção à diferença entre as pessoas e, finalmente, não ser capaz de reconhecer os traços da pessoa, a força da criatividade diminui.

Métodos de ensino
1. Reunir estudantes:
Desta forma, a informação é recolhida e apresentada pelos alunos. Pode determinar o grau de conhecimento dos alunos. Este método cria uma posição ativa para aprender. O papel do professor na conferência, apenas conduziu a reunião e evitou discussões que levassem ao desvio da conferência e do seu procedimento lógico.

2   Método de projeto:
O projeto de ensino permite que os alunos assumam a liderança, o planeamento e a autorregulação para se promoverem. Desta forma, os alunos podem escolher de acordo com os seus próprios interesses e participar ativamente na resolução do problema. Com base neste método, os alunos aprendem a ensinar o seu trabalho de estágio regular, o que reforça a

confiança dos alunos, uma vez que se estabelece uma relação correta entre eles e a formação do professor. Em última análise, esta causa reforça a cooperação, a responsabilidade, a disciplina, o trabalho, a paciência e a tolerância para com os outros, bem como as competências necessárias para a realização de investigação nos alunos.

3   . método dos alunos e dos professores :

O principal objetivo desta abordagem é que o aluno se torne professor e, através desta experiência nova e valiosa, ganhe experiência. Desta forma, na ausência de especialistas, um grande número de estudantes aprendeu competências específicas e pode ser utilizado.

4   . Método de perguntas e respostas :

As perguntas e respostas de Manner são encorajadas pela forma abrangente como o professor reflecte sobre um novo conceito ou expressão do material aprendido. O professor, quando introduz o conceito de precisão na aula ou algo que atraia a atenção dos alunos, trabalha as suas perguntas e respostas de Maneira e também incentiva o aluno a conhecer o assunto. Pode ser útil rever os materiais que foram ensinados anteriormente, ou uma boa ferramenta para a avaliação de uma compreensão abrangente do conceito de perseguição.

5   Métodos de formação:

Normalmente, o professor por formação, os alunos são incentivados a repetir uma matéria ou a utilizá-la para adquirir os conhecimentos necessários na matéria. Professor por formação Maneira, os alunos são incentivados a repetir ou aplicar conceitos de opinião.

6   Método de discussão:

Na discussão Maneira, os alunos participam ativamente na aprendizagem, e o conceito de aprendizagem desejado uns dos outros. Neste método, o professor pode ser utilizado como estimulante, iniciador de debate e ajuda. O professor coloca questões ou problemas que incentivam os alunos a responder ou a resolver um problema.

7   . um método de visita de estudo:

uma visita de estudo permite que os alunos adquiram experiência científica através da observação da natureza, de acontecimentos, de actividades, de objectos e de pessoas. Os alunos numa visita de estudo podem desenvolver melhor os conceitos que têm na sua mente ao verem os factos na aula.

Melhorar o método de pensamento criativo

O objetivo deste método é aumentar o pensamento criativo, terminando a solução em situações especiais, mantendo as tradições comuns e desenvolvendo os horizontes pessoais e sociais dos alunos.

O professor faz perguntas ao aluno, mas a resposta do aluno é completamente aberta. O professor tem de ajudar os alunos a desenvolver a sua forma de pensar. Este padrão provoca o crescimento da criatividade, da inovação e da aliança de grupo.

As etapas do ensino do padrão de pensamento criativo são:

1-   Descrever uma nova situação com a ajuda do professor.

2-Comparação direta de uma forma que o professor quer que o aluno descreva (comparação simples de dois casos ou duas definições)

3-Comparação pessoal de forma a que o professor encoraje o aluno a comparar diretamente.

4- Comparação das analogias efectuadas pelos alunos.

5- Explicar as diferenças aos alunos.

6-Descobrir com a ajuda dos alunos.

7-Os alunos voltam a referir as semelhanças e as diferenças das analogias. (naji-2011)

Introduzir o tema da arquitetura

Perceção e declaração

Nesta unidade, será ministrado basicamente o ensino da arquitetura de acordo com planos originais e orientados.

Esta disciplina inclui tópicos como: conceção de volumes 3d, formação fórmica, perceção, reconhecimento da beleza e ....

A formação é planeada de forma a que a sensibilidade do sentido do tato, o sentido visual aumente a perceção da forma, as competências manuais e a perceção brilhante do processo criativo provoque o crescimento do talento pessoal dos alunos. As bases e fundamentos do plano baseiam-se num sistema educativo que considera a possibilidade de liberdade suficiente para a invenção e criação dos alunos.

Perceção: A importância dos sentidos, especialmente dos olhos, na perceção dos ambientes é efectiva, pelo que se procura que o aluno aprenda a ver de forma eficiente e elegante e a prestar atenção ao ambiente que o rodeia.

Declaração: a declaração do tema é feita de várias formas, tais como: declaração descritiva, declaração escrita, declaração interseccional e ...

Este trabalho é realizado através da disponibilização de instrumentos de arquitetura, imagens e fotografias, desenho à mão livre, apresentação da história da empresa, vídeos e diapositivos, planificação e modelação.

Ambiente: Explicação resumida aos alunos sobre o espaço que nos rodeia, os sentidos transferidos a partir dele, o efeito da sociabilidade e a oposição do ser humano como uma unidade no público.

Arquitetura: os alunos devem explicar a arquitetura, o seu ponto de vista sobre a mesma, os aspectos artísticos ou técnicos desta disciplina e a razão da sua escolha. (Nasir, 1932)

Metodologia

Como nos projectos de investigação existem limitações financeiras, de tempo e de mão de obra, estas limitam a quantidade de amostra que é necessário investigar. De acordo com o que foi dito anteriormente, se a massa da sociedade estatística não for demasiado grande, toda a sociedade deve ser investigada e é utilizado o censo; se a massa da sociedade estatística for demasiado grande, será utilizada a amostragem e os resultados serão distribuídos por toda a sociedade. Nesta investigação, são utilizados métodos quantitativos e qualitativos. A informação necessária para esta investigação foi obtida através de um questionário aberto e, em seguida, os resultados obtidos são avaliados por análise. A sociedade estatística desta investigação é constituída pelos alunos de duas turmas da Universidade Azad Islâmica de Teerão - unidade oeste, uma das quais é o Atelier branco e a outra o Atelier azul; o método de amostragem é aleatório. Este estudo é um tipo de investigação de amplitude e, após a elaboração dos questionários, estes foram distribuídos pelos alunos e, depois de respondidos e recolhidos, os dados obtidos foram analisados com recurso ao Excel e ao Spss. No método educativo orientado para o aluno, um dos elementos mais básicos é esta abordagem de projeto de investigação. O objetivo da apresentação desta parte é reforçar o pensamento criativo e crítico. Estes trabalhos de investigação proporcionam aos alunos a oportunidade de estabelecerem uma interação significativa entre as disciplinas que frequentam e o ambiente que os rodeia. Estes projectos reforçam as suas competências e atitudes, alargam o seu domínio de envolvimento para além da sala de aula e envolvem os alunos em tarefas domésticas, debates nas aulas, escrita e oralidade, problemas sociais relacionados com a ciência e tomada de decisões sociais e pessoais vitais em que a ciência tem um papel importante.

No estudo destes dois métodos, os objectos e instrumentos pedagógicos como livros, jornais, mapas, globos, quadros, gráficos, diagramas, puzzles, descrições de imagens, imagens electrónicas, filmes, maquetas, modelos, rádio, televisão, computador, etc. -a aprendizagem tem lugar com uma abordagem ativa e orientada para a fonte num ambiente útil e os alunos ficarão entusiasmados para aprender e será fornecida a extensão da sua parceria.

Foram avaliados 40 estudantes da secção ocidental de Teerão da Universidade Islâmica Azad em dois grupos: abordagem do ensino e abordagem do estudante. Foi elaborado um questionário de 60 itens a partir da compreensão da arquitetura e foi atribuído um código a cada opção dos itens: zero para (a), um para (b) e dois para (c). Em seguida, os pontos foram reunidos.

Na primeira sessão, foram apresentadas aos alunos ferramentas de arquitetura, tais como tipos de papel, cartolinas com várias gramagens, tipos de lápis com várias medidas, pranchetas, tábuas, cortadores, réguas e réguas. Também são efectuadas algumas práticas de autorretrato durante o processo de análise dos alunos. O debate e a análise das imagens podem conduzir a uma expressão criativa e requintada dos alunos. Na segunda sessão, foi pedido aos alunos que desenhassem as suas caraterísticas e as praticassem em casa. As práticas conceptuais desempenham um papel importante na criatividade dos alunos. Esta prática é feita na terceira sessão através da composição e identificação de elementos constituintes de volumes simples e complexos e os alunos são convidados a desenhar ideias conceptuais através de práticas de linha-ponto. A criação de um cubo criativo é a lição da sessão seguinte. Os conceitos de introversão e extroversão com materiais não arquitectónicos são os objectos desta sessão. Na quinta sessão, os alunos desenham o quarto do aluno para definir o ambiente de vida. O desenho da totalidade do quarto e também da luz e da planta do quarto, a concepção de um elemento arquitetónico e a configuração ficam para as sessões seguintes.

Medição da criatividade e questionário de criatividade de Torrance

O questionário de criatividade foi elaborado por professores da Universidade da Califórnia em 1992. Inclui 60 perguntas, cada uma com 3 opções: criatividade baixa, média e alta. A soma dos pontos obtidos pode indicar o nível de criatividade de uma pessoa. O intervalo deste teste situa-se entre 0 e 120.

Quadro 7: Pontos para a criatividade

	Pontos para a criatividade
Criatividade muito elevada	100-120
Alta criatividade	85-100
Médio criativo	75-85
Pouco criativo	50-75
Muito pouco criativo	De 50 para baixo

Resultados

O estudo incluiu 80 alunos que são medida de exploração criativa. Para analisar e evitar possíveis erros provocados pelo desequilíbrio do número, foram selecionados 40 alunos e 40 alunas da turma azul e branca que representavam cada uma 50% da amostra e que foram investigados e criatividade. A distribuição da criatividade na turma branca com metodologia de ensino centrada no aluno (de acordo com a Tabela 6) é igual a 8 pessoas com criatividade muito elevada, 10 pessoas com criatividade, 10 pessoas com criatividade média, 12 pessoas com criatividade baixa 0 pessoas. Na turma azul com metodologia de ensino centrada no aluno (de acordo com a Tabela 5), 3 indivíduos com criatividade muito elevada, 10 pessoas com criatividade, 14 pessoas com criatividade média e 2011 com criatividade baixa, respetivamente 7,5%, 25%, 35% e 32,5% da amostra, e a criatividade pequena e baixa, respetivamente 20%, 25%, 25% e 30% da amostra.

Creativity In Student-centered

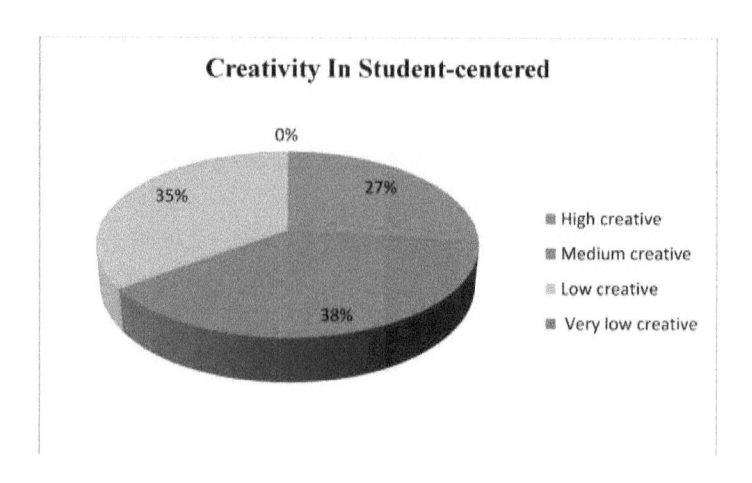

- High creative: 27%
- Medium creative: 38%
- Low creative: 35%
- Very low creative: 0%

Figura 2: gráfico de pizza para medir a criatividade dos métodos centrados no aluno. (Fonte: autor)

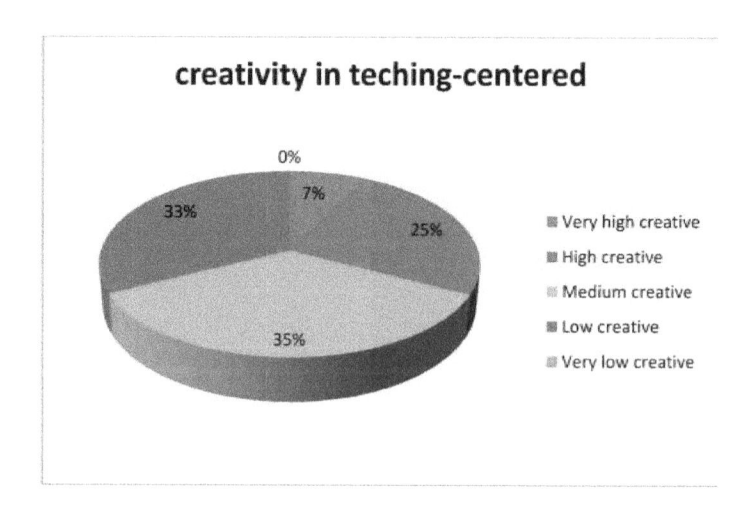

creativity in teching-centered

- Very high creative: 7%
- High creative: 25%
- Medium creative: 35%
- Low creative: 33%
- Very low creative: 0%

Figura 3: gráfico de pizza para medir os metodos de ensino centrados na criatividade. (Fonte: autor)

Tabela 8 Comparação da criatividade na forma de ensino centrada no aluno e na forma de ensino orientada para os resultados.
(Fonte: autor)

	Centrado na tecnologia	Centrado no estudante
Criatividade muito elevada	7.5%	20%
altamente criativo	25%	25%
Médio criativo	35%	25%
pouco criativo	32.5%	30%
Muito pouco criativo	0	0

Figura 4: gráfico de barras que compara a medição da criatividade e a abordagem centrada na aprendizagem e no aluno.
(Fonte: autor)

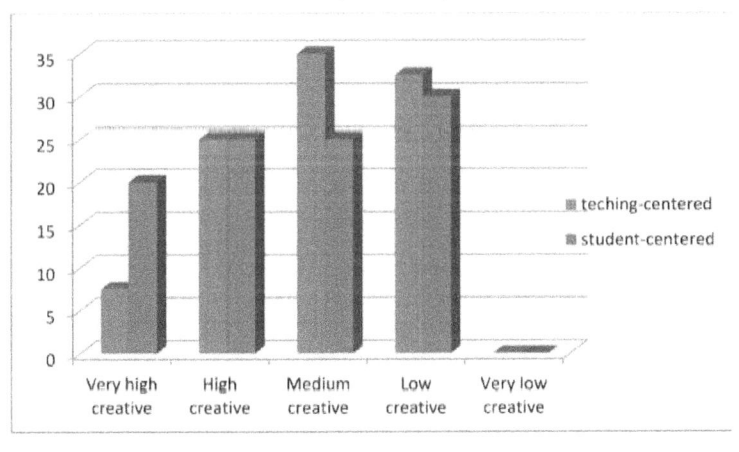

Método estatístico ANOVA

A análise de variância (ANOVA) é um método estatístico padrão que pode ser utilizado especificamente no cálculo do grau de confiança. Neste método, a análise da informação não é feita de forma direcional, e calcula-se o grau de confiança através do estudo e análise da variação dos dados. Neste método, podem ser analisados factores controláveis e incontroláveis, e é utilizado para a comparação média de dois ou mais grupos. O valor da distribuição de dispersão da análise de variância, é o valor significativo de 0,05 e pode avaliar a diferença entre os grupos. A ANOVA avalia a variância dos dados e a expressão da variância numa coleção de dados. Numa ANOVA entre grupos, uma vez que os erros estimados são independentes, a soma dos quadrados mostra a variância calculada que é omitida. A soma dos quadrados é dividida pelo grau de liberdade para produzir os quadrados médios entre o grupo e dentro do grupo. Estes valores apresentam finalmente o valor f. A probabilidade menor que f (<f) indica que há diferença entre os grupos, e a probabilidade maior que f (>f) indica a igualdade de médias entre os grupos.

Conclusão

De acordo com os resultados, os níveis de criatividade dos estudantes em duas bibliotecas de arquitetura e através de várias abordagens de ensino são comparados pelo método ANOVA. Os resultados mostram que a variação entre os cinco níveis de criatividade é de 255 para o método de abordagem pedagógica e de 183 para o método de abordagem do estudante. Se as médias da população estatística K são designadas por m_1, m_2 .....m_k . então a hipótese de igualdade da variância é:

H0: m1= m2=.=mk

H1: pelo menos a média de duas populações é diferente.

Por conseguinte, a soma dos quadrados totais é igual à soma dos quadrados entre os grupos e dentro dos grupos.

SST=SSA+SSW

$$MSE = \frac{SSE}{n - K}$$

$$MSK = \frac{SSK\text{-}}{K-1}$$

Com os cálculos do teste F efectuados no grau de liberdade acima referido de 1 e 6, respetivamente, para alternar entre e dentro dos grupos e calcula a razão de difração pode ver o número obtido pelo teste F mais do que a proporção da variância é um resultado da hipótese H0 não é rejeitada e a diferença não é estatisticamente significativa amostra, por outras palavras, a relação entre as formas criativas e significativas de ensino lá.

Tabela 9: análise de variância. (Fonte: autor)

RESUMO Anova : Fator único				
Grupos	Contagem	Soma	Média	Desvio
Ensino centrado	5	92.5	23.125	255.729 1667
Centrado no aluno	5	80	20	183.333 3333

Tabela 10: Resultados da análise de variância. (Fonte: autor)

ANOVA

Fonte de Variação	SS	df	EM		Valor P	F crit
Entre Grupos	SSK=19,53125	K-1=1	MSK=19,531 25	MSK÷MSE	0.77555 298	5.987377 607
Dentro de Grupos	SSE=201117.1 875	N-K=6	MSE=219,53 125			
Total	SST=201136.7 1875	N-1=7		0.088967 972		

F	v.r
0.08896 7972	v.r
	V.R=MSA÷RSU
	0.08896797 2

⬇

Resultado	f>vr

De acordo com a investigação realizada neste trabalho, com base em práticas educativas centradas na educação como uma sala de aula, desta forma baseia-se na participação ativa dos alunos, mestre do grupo para outro grupo para vir e discutir com a gestão de classes e os alunos a oportunidade de assumir mais responsabilidade pela sua própria aprendizagem.

Noutros casos, é dada às crianças a oportunidade de apresentarem o seu estilo de ensino e o seu trabalho à turma. A televisão e as aulas das crianças durante o semestre vão mudar as coisas e fazer com que os outros queiram cooperar com elas para completar essas tarefas não é uma receita, é criada.

Estas práticas de avaliação em turmas mistas. A avaliação da abordagem de resolução de problemas, a preparação da lista de verificação de competências e atitudes, a apreciação e avaliação do desempenho dos alunos em relação ao caso, baseando-se na expressão oral e em diferentes formas de desenvolvimento contínuo e avaliação final. Desta forma, os alunos são ensinados a exprimir-se livremente e a procurar a sua imagem corporal, em vez de terem de descobrir e compreender.

A forma de ensino orientada na base de todos os currículos educativos apenas por um conferencista e professor de discurso e o aluno deve estar preparado para o receber e recordar o conteúdo. Assim, este método limita a mente do aluno e impede-o de pensar noutras coisas, uma vez que o mestre tem a mente mais próxima da boca do aluno. E isso impõe que a criatividade esteja num nível mais baixo. Portanto, de acordo com os resultados, métodos de ensino centrados no aluno mais eficientes e os alunos terão melhores resultados na educação.

Referências
1. Advarz, B.,1998, designed by the right brain", tradução Arabali Sharveh, primeira impressão, publicação Efaf, Teerão.
2. Edwards, B., 1999, The New Drawing on the Right Side of the Brain: The 1999. Penguin.
3. Afrooz, A., criatividade, PTA, publicação Peyvand, papel bond, 241.
4. Anwari, H., 2002, speech culture, Teerão, publicação Sokhan.
5. Behroozi, N., 1996, The relationship between personality traits and creative relationship with the last variable of academic performance, Master thesis, Supervisor, Hussein suger kan, Faculty of Education and Psychology Shahid Chamran University.
6. Panjehpour, M., 2011, Iranian Journal of Medical Education, formação e desenvolvimento de uma pessoa saudável, Esfand.
7. Ysnk, M., 2000, "Uma descrição do conhecimento psicológico", Ali Naqi, primeira impressão, Teerão.
8. Hosseini, A., 2008, The nature of creativity and how to nurture it, Mashhad, Behnashr publication.
8-Dehkhoda, AA., 1968, "Dictionary Dehkhoda", publicado pela Universidade de Teerão, Teerão.
9. Seif, A., 2007, psicologia da educação, Teerão, publicação Agah.
10. Shams Nia, A., 2011, Quarterly new ideas in education, quarta edição, outono.
11. Abedi,J., 1993, creativity and Applications, Journal of Psychological Research, Volume II, Número 1 e 2.
12. Tecnologia educativa e métodos de ensino variados, Departamento de Educação do Distrito 9 em Teerão, www.tehranedu9.ir.
2011-Ghasemzadeh, H., 1996, Talents and skills and foster their creativity and test, tradução Paul Torrance, Teerão, publicação Donyaye Noor.
14- Ghasemzadeh, H., 1996, all devised and creative talent, tradução Alex Osborne, Teerão, publicação Niloofar.
15- Ghasemzadeh, H. Azimi, P., 2002, The blossoming of creativity of children, tradução de Teresa, Teerão, publicação Niloofar.
16- Kazemi, Mehrangize radius, 2005, ways to foster creativity, revista Marefat, n.º 92, Instituto de Educação e Investigação Imam Khomeini.
17-Kefayat, M. 1994, The relationship between parenting style and attitude with creativity and explore the relationship between intelligence and creativity with a Bachelor .Thesis Help Hussein Shekarkan at university of Education and Psychology Shahid Beheshti University
18- Zadeh, M., 2004, Personal creativity of students, revista de desenvolvimento de professores, n.º 4, n.º 187.
19- Memarian, H., 2011, "The new student-centered methods in engineering

education in Iran", n.º 52, Vol. XIII, pp. 21-1.
20-	Karami, A., 2006, "Education for creativity and innovation topics in universities", Journal of Engineering Education, n.º 32, Vol. VIII, p. 19-1.
21-	Siraj Mehdi Zadeh, F., 2011, "Lessons micro program pathology preliminary architectural design, The needs of students in the course design", Journal of Fine Arts architecture and city construction, Volume 17, Número 4, Winter, pp. 7-61.22- Savior, inspiration Sadat, creativity and how to teach it, Tehran, Educational Psychology, University of Al-Zahra.
22-Hashemi, SH, 2010; "Content Analysis Of Selected Projects Innovation Conference on Educational Innovation", Journal of Educational Innovations, n.º 36, in ninth, Winter .
23-Amabile, T. M.,1999, "Social Psychology of Creativity: A Consensual AssessmetTechnique", Journal of Personality and Social Psychology, Vol. 43.
24-Angula M. P. 1998, Nahaz, Higher Education and the Development Challenge in Emegent Nations in UNESCO-Paris 5-9 Octobr, Discurso de NahasAngulaM.P.,Ministro do Ensino Superior da Namíbia.
25-Duffy,B.,1998, supporting creativity and imagination in Early Years, USA Buckingham,Philadelphia, open university press.
26-Faruque,omar., 2005, graphic communication as design tool, van nostrandreinhold .NY
27-Torrance, E. P. e K. Goff, 1999, "A Quiet Revolution", Journal of Creative Behavior, Vol. 23.
28-Angula M. P,1998, Nahaz, Higher Education and the Development Challenge in Emegent Nations in UNESCO-Paris 5-9 Octobr, Discurso de NahasAngulaM.P., Ministro do Ensino Superior da Namíbia.

More Books!

I want morebooks!

Buy your books fast and straightforward online - at one of world's fastest growing online book stores! Environmentally sound due to Print-on-Demand technologies.

Buy your books online at
www.morebooks.shop

Compre os seus livros mais rápido e diretamente na internet, em uma das livrarias on-line com o maior crescimento no mundo! Produção que protege o meio ambiente através das tecnologias de impressão sob demanda.

Compre os seus livros on-line em
www.morebooks.shop

info@omniscriptum.com
www.omniscriptum.com   OMNIScriptum